T0098915

QU'EST-CE QU'UNE CONCEPTION DU MONDE ?

COMITÉ ÉDITORIAL

CHEMINS PHILOSOPHIQUES

Collection dirigée par Magali BESSONE et Roger POUIVET

Christian BERNER

QU'EST-CE QU'UNE CONCEPTION DU MONDE ?

LIBRAIRIE PHILOSOPHIQUE J. VRIN
6, place de la Sorbonne
PARIS V^e

Jean-Marc FERRY, *Les grammaires de l'intelligence*, chapitre 3, p. 177-180
© Paris, Éditions du Cerf, 2004

© *Librairie Philosophique J. VRIN*, 2006
Imprimé en France
ISSN 1762-7184
ISBN 2-7116-1847-1

www.vrin.fr

QU'EST-CE QU'UNE CONCEPTION
DU MONDE ?

Pour Matthieu et Samuel

INTRODUCTION [*]

La notion de « conception du monde » a mauvaise presse.
S'il arrive qu'on l'utilise dans le langage ordinaire, elle n'est
guère employée en philosophie que comme repoussoir, comme
ce que la philosophie n'est pas et n'a pas à être. Car si chacun
reconnaît facilement avoir une façon particulière de voir ou de
concevoir le monde, c'est un peu comme chacun croit qu'il
peut avoir « sa » philosophie. On sait depuis toujours qu'une
telle affirmation de l'opinion individuelle va contre la nature
même de la philosophie : l'essence de la philosophie est de
viser une validité universelle, c'est-à-dire de pouvoir justifier
ses propositions et discours par des raisons. Et même si la
vérité comme adéquation de la pensée et du réel ne se laisse pas
positivement établir, la philosophie se doit de n'offrir aucune

[*] Tous mes remerciements vont à Simon Parlier, depuis toujours l'ami en
pensées, qui a pris la peine de relire et discuter ces pages.

prise aux particularités et rappeler fermement que c'est toujours la vérité qu'elle vise. Le mot qu'on attribue à Hegel le résume : « Ce qui dans mes livres est de moi est faux ».

Dans une conception du monde chacun revendique une manière de voir où se mélangent des savoirs objectifs, des croyances, des cultures transmises, des convictions individuelles, des sentiments, ce qui renvoie en fin de compte à la subjectivité. Il n'y aurait alors pas grand-chose à dire des conceptions du monde, chacun étant après tout subjectivement libre de penser ce qu'il veut et notamment de ne pas penser comme les autres. Chacun peut avoir « sa » conception des choses et du monde, sa *Weltanschauung*.

Au demeurant, ce mouvement conduisant à une croyance individuelle semble inscrite dans la nature même de la pensée. Pour penser, ne faut-il pas en dernier ressort remonter à une décision ? Le choix d'une philosophie ne repose-t-il pas sur une décision individuelle, sur la volonté de croire et d'adhérer à certaines vérités ? On trouve les prémices de ce mouvement chez Fichte qui, après Schelling, invite à choisir entre une philosophie de la liberté et une philosophie de la nécessité :

> Ce que l'on choisit comme philosophie dépend […] de l'homme que l'on est ; un système philosophique n'est pas, en effet, un instrument mort, que l'on pourrait prendre ou rejeter selon son bon plaisir ; mais il est animé par l'esprit de l'homme qui le possède [1].

---

1. Fichte, *Œuvres choisies de philosophie première*, trad. fr. A. Philonenko, Paris, Vrin, 1980, p. 253. Schelling écrivait dans les *Lettres sur le dogmatisme et le criticisme* que choisir entre dogmatisme et criticisme, les deux systèmes de la philosophie, « dépend de la liberté d'esprit que nous avons acquise pour nous-mêmes. Nous devons être ce que nous prétendons être théoriquement » (Schelling, *Lettres sur le dogmatisme et le criticisme*, trad. fr. S. Jankélévitch, Paris, Aubier, 1950, p. 82-83).

Psychologiquement subjectives, les conceptions du monde semblent relever de ce que certains ont appelé la « métaphysique du sujet », à savoir de cette « mauvaise » métaphysique qui pose l'homme « comme maître et possesseur » d'une nature qu'il est capable de dominer parce qu'il parvient à se la représenter. La surplombant du regard de la connaissance il peut l'asservir au moyen des techniques que la science rend possibles. Or prétendre pouvoir parvenir à une telle « conception » du monde, à savoir à une « vision globale » du monde, n'est-ce pas là une illusion de cet âge métaphysique de la raison où l'homme pensait naïvement pouvoir renouveler le regard de Dieu sur le monde avec des yeux simplement humains ? Au sixième jour, lit-on dans le premier livre de la *Genèse*, Dieu contemple le monde qu'il a créé. Il le voit comme un « tout » et ressent dans cette vision un « bien intense ». Mais il faut bien être Dieu pour être à la fois dans et hors du tout, pour adopter ce point de vue de nulle part !

Aussi lorsque les lumières de la raison et la critique de la religion réintègrent l'idée de Dieu à l'homme fini, n'est-ce pas illusion que de croire que chacun, en son lieu et en son temps, peut, suivant la perspective qui lui est propre et l'horizon limité qu'elle lui découvre, concevoir intuitivement l'unité d'un monde et éprouver en cela le plaisir de l'intuition synoptique ? Le règne des conceptions du monde ne serait-il pas alors un phénomène de compensation de l'ordre garanti dans la vision divine ou par les lois mêmes de l'univers ? Pris à hauteur humaine, d'où nous viendrait cette vision qui voit tout d'un coup ? N'est-ce pas là une forme de l'ambition ancienne au cœur du projet de la tour au lieu qui sera dit « Babel » ? Cette tour ne devait-elle pas toucher aux cieux et donc retrouver cette vue divine, cette « intuition intellectuelle » qui préserve de la dispersion ? La prétention et l'orgueil qu'il y a à « imaginer » être en possession d'une telle faculté d'intuitionner conduit les hommes à prendre, notamment en philosophie, mais pas exclusivement, « un ton supérieur »[1].

Nous n'en sommes sans doute plus aujourd'hui à cet âge métaphysique[2]. Nous savons qu'il existe une multiplicité de représentations du monde. On parle de conception du monde des Anciens, des Grecs ou des Romains, de la conception religieuse ou mythique du monde, de conceptions idéologiques du monde, de la conception athée, idéaliste, matérialiste, libérale… Et chacune d'elles est complexe : pour définir la conception du monde des Grecs il faudra, par exemple, prendre en compte l'ensemble de leurs savoirs et de leurs croyances, des sentiments qu'on leur prête à partir de leur inscription dans le monde qui est le leur, ce qui inclut leurs coutumes, leurs institutions sociales, juridiques, économiques… Bref, la conception du monde recouvre la façon générale dont ils agencent leur mode de vie. Si une telle organisation de la vie est liée aux communautés dont on relève et dont on partage les croyances et pratiques, la communauté se définissant comme étant une « société gouvernée par une doctrine compréhensive commune »[3], il n'est pas interdit non plus de les envisager de manière plus personnelle. Nombre d'ouvrages présentent ainsi des conceptions du monde liées davantage encore à la particularité d'un point de vue, de la *Weltanschauung* de tel ou tel, d'un grand homme, d'un écrivain, d'un musicien, d'un

1. Voir Kant, *Sur un ton supérieur nouvellement pris en philosophie*, dans *Première introduction à la Critique de la faculté de juger et autres textes*, trad. fr. L. Guillermit, Paris, Vrin, 1987.

2. Pour l'histoire de la vaste transformation de la sagesse du monde en conception du monde, on lira R. Brague, *La sagesse du monde. Histoire de l'expérience humaine de l'univers*, Paris, Le Livre de Poche, 2002.

3. J. Rawls, *Libéralisme politique*, trad. fr. C. Audard, Paris, PUF, 2001, p. 69. Ce que Rawls appelle « *comprehensive doctrine* » correspond à la notion de conception du monde.

peintre etc. C'est que leur façon de voir le monde ne se résume pas aux idéologies ni aux religions dont ceux qui appartiennent à un groupe social donné sont solidaires : elle en est une appropriation individuelle. De manière semblable, nous faisons nous-mêmes souvent l'expérience que nous ne partageons pas la façon dont nos proches conçoivent la situation dans le monde et ce qu'il faut y faire.

C'est dire que les conceptions qui nous conduisent sont soumises au changement. Et il n'y a rien d'étonnant à cela puisque chacun a parcouru, dans son rapport au monde, des moments qui étaient marqués par des compréhensions différentes, moments correspondant à des étapes de la formation de la conscience. Progressivement, par exemple, le monde de l'enfant a cédé sa place à celui de l'adulte. L'adulte n'est plus l'enfant, roi des visions nocturnes, pour lequel le monde familier pouvait basculer dès la lumière éteinte, la chambre se peuplant de toutes sortes de créatures venues de l'ombre, se dressant sur les chaises, s'abattant avec le rideau des ténèbres. Les poupées se sont tues et ont été rangées dans un coffre. Les croyances se sont modifiées et les valeurs qui leur sont rattachées également. Aussi n'y a-t-il rien d'étonnant à ce que le psychologue Piaget, par exemple, ait cherché à rendre compte génétiquement du développement de la compréhension du monde liée aux structures opératoires des sujets [1] ou alors, plus classiquement, à ce que Hegel décrive en termes de *Weltanschauung* le chemin de la formation de la conscience. Suivant ses expériences, la conscience change de point de vue et éclaire le monde entier à sa manière à partir de la spécificité

---

1. En distinguant un stade sensori-moteur, une période pré-opératoire, le stade des opérations concrètes et celui des opérations formelles ou stade hypothético-déductif.

de sa perspective. Si la conscience tient par exemple tout d'abord pour vrai ce que la sensation lui offre immédiatement, le changement dans le réel conduit à ébranler les certitudes sensibles premières et à accorder la vérité à l'entendement. Ces transformations dans la manière de concevoir le monde caractérisent l'ensemble du cheminement de la conscience vers le savoir. À chaque fois, le monde apparaît baigné d'une lumière nouvelle, comme par exemple par la lueur de cette « *Weltanschauung* morale » qui interprète la totalité du monde social et naturel à partir de la pureté de l'intention du sujet, de la personne qui décide de prendre le point de vue de la liberté au détriment de la perspective du déterminisme. L'homme qui choisit l'attitude morale projette, pourrait-on dire, un monde qui lui garantit que sa volonté morale peut s'accomplir dans la nature et que libre, il assume la pleine responsabilité de ses actes, alors que celui qui pose le déterminisme projette un monde où science et technique rendent possible la transformation de la nature. Le changement des conceptions du monde témoigne alors tout simplement du développement de l'esprit. Nietzsche en reconnaissait à sa façon toute l'utilité en louant Kant d'avoir transformé l'affirmation du déterminisme ou de la liberté en des points de vue sur le monde, points de vue dont on peut changer[1] :

> Il ne nous faut finalement pas manquer de gratitude, nous autres chercheurs de la connaissance (*Erkennende*), à l'égard de tels renversements absolus des perspectives et évaluations habituelles (…): voir ainsi une fois autrement, *vouloir*-voir-

---

1. Kant, *Critique de la raison pure*, trad. fr. A. Renaut, Paris, GF-Flammarion, 2001, A 532 *sq.*/B 561 *sq.* Les textes ont été retraduits. Les citations indiqueront les références de l'édition originale. Voir aussi la *Fondation de la métaphysique des mœurs*, trad. fr. A. Renaut, Paris, GF-Flammarion, 1994, Troisième section, *De la limite extrême de toute philosophie pratique*.

autrement n'est pas une moindre discipline et préparation de l'intellect à sa future « objectivité »[1].

En variant le regard sur le monde, les conceptions se succèdent et se complètent dans un mouvement permanent. On comprend qu'en ce sens un adversaire aussi radical des « conceptions du monde » que Hegel, qui n'y voyait toujours que les points de vue abstraits d'un entendement fini, ait pu dire de l'auto-production de la raison absolue se donnant la figure d'une totalité absolue qu'elle était la « conception du monde infinie » :

> le système progresse (…) jusqu'à la totalité objective achevée, que la raison unit à la totalité subjective opposée, pour atteindre à la *Weltanschauung* infinie, dont, du même coup, l'expansion se contracte en l'identité la plus riche et la plus simple[2].

Une telle « *Weltanschauung* infinie » n'est rien d'autre que l'identité de l'être et de la pensée déployée dans le système entier, l'unité de la nature et du sujet ou la *Weltanschauung* de Dieu dont le système hégélien explicite le *logos*.

Mais si l'on ne remonte pas au point de vue absolu qui permet de les unifier, les conceptions du monde restent liées à la subjectivité d'attitudes et nous en faisons l'expérience sous la forme d'une pluralité. Une telle pluralité est insurmontable lorsqu'on pense que les conceptions du monde dépendent du choix de valeurs fondées sur un sentiment, sentiment du monde qui plonge ses racines dans une compréhension obscure de la vie, dans ce qu'on appelle le « monde de la vie ».

1. Nietzsche, *La Généalogie de la morale*, trad. fr. I. Hildebrand et J. Gratien, Paris, Gallimard, 1971, troisième dissertation, § 12. Les textes ont été retraduits. Les citations indiqueront les références des paragraphes.
2. Hegel, *La différence entre les systèmes philosophiques de Fichte et de Schelling*, trad. fr. B. Gilson, Paris, Vrin, 1986, p. 131 (traduction modifiée).

Suivant cette première description, les conceptions du monde ressemblent assez aux religions. C'est d'ailleurs le plus souvent par comparaison avec ces dernières que l'on essaie d'en préciser le concept. On soutient alors que les religions elles aussi se fondent sur un sentiment, un sentiment de dépendance absolue, dit parfois sentiment de quelque chose de transcendant. Un tel sentiment à lui seul ne suffit pas. En expliquant le monde partir d'un ordre transcendant, les religions organisent intégralement l'univers, c'est-à-dire disent non seulement d'où vient et où va le monde, ce qu'il en est des choses, mais encore l'investissent de valeurs donnant du sens à chacune des actions singulières et une forme aux institutions régissant les communautés. La vie entière est ainsi articulée par une religion qui régit non seulement les pensées, mais encore les actes, les formes de vie, de rapport à autrui etc. L'état conflictuel des diverses conceptions du monde concurrentes ressemble alors bien à ce que Max Weber appelait la « guerre des dieux » : dans le cadre des religions universelles, le pluralisme affecte les valeurs ultimes et chacun est sommé de choisir. Ces valeurs ultimes concernent, dans les religions, non seulement la représentation d'un bien substantiel, mais encore celle du salut. C'est pourquoi, si l'une des religions prend « le visage du diable », l'autre prendra « celle du dieu », chaque individu ayant « à décider *de son propre point de vue*, qui est dieu et qui est le diable ». Et Weber d'ajouter : « Il en est ainsi dans tous les ordres de la vie » [1]. Ce qui signifie simplement que chacun est en dernier ressort responsable de sa compréhension valorisée du monde qui repose sur des points de vue ultimes à partir desquels la vie est rationalisée. Car effectivement, les idéaux ultimes transforment les valeurs culturelles en impératifs

1. M. Weber, *Le Savant et le politique*, trad. fr. J. Freund, Paris, UGE-10/18, 1963, p. 85.

éthiques : le bien sur lequel l'individu s'oriente guide son
action. À l'inverse, le désenchantement des images du monde
à travers le processus de rationalisation signifie naturellement
la fin des conceptions du monde.

Il semble donc que chacun ou chaque communauté puisse
légitimement revendiquer la singularité de *sa* conception du
monde, incompatible avec celle des autres. Chaque conception forme de ce fait un ensemble d'idées et de valeurs qui
donnent au monde un sens tenu pour vrai. À ce titre la notion de
« conception du monde » est devenue synonyme d'« idéologie », dont elle partage bien des obscurités. Tout comme
l'idéologie, la conception du monde est une théorie subjective
qui voudrait, à partir de choix arbitraires et abstraits, d'un
mélange d'émotions et de concepts, reconfigurer le monde en
sa totalité. Cette confusion entre le point de vue subjectif et
l'objectivité à laquelle elle prétend, entre l'expression d'une
identité individuelle ou collective et l'universalité en mêlant
savoirs objectifs et sentiments, valeurs et préceptes, confusion
qui prétend régir l'ordre de la pensée comme celle de l'action,
est à l'origine du destin funeste de la notion. Poussée à
l'extrême, la visée de totalité ordonnée à partir de la particularité conduisant à l'idée d'une lutte entre les conceptions du
monde a mené aux conséquences désastreuses dont témoigne
par exemple l'usage massif qui fut fait de cette notion par les
pseudo-intellectuels du national-socialisme, comme son
idéologue Alfred Rosenberg, dans le cadre du délire racial de
la « *völkische Weltanschauung* » hitlérienne.

LA NOTION DE « WELTANSCHAUUNG »

Pour mieux comprendre les difficultés de la notion, il faut
en expliciter la constitution. Par « conception du monde » nous

traduisons le terme allemand « *Weltanschauung* ». Ce dernier est souvent rendu aussi par « vision du monde » ou même par « image du monde ». Nous le verrons : malgré une certaine équivalence dans l'usage, les traductions ne sont pas indifférentes. On remarquera toutefois que « *Weltanschauung* » a fini par entrer dans la langue française sous sa forme allemande jusque dans les dictionnaires de la langue courante. Elle y est définie comme une « vue métaphysique du monde, sous-jacente à la conception qu'on se fait de la vie »[1]. Il n'est pas dit pour autant que l'on puisse se représenter par là quelque chose de clair, même si, dans son embarras, cette définition donne en quelque sorte la mesure de la difficulté. Car les choses se compliquent dès qu'on demande ce que pourrait bien être une « *vue* métaphysique », s'il est vrai que la *vue* concerne d'abord et avant tout notre inscription sensible dans la nature. Qu'est-ce ensuite qu'un « monde », si ce qui nous est donné d'abord, ce sont des choses, des objets qui nous entourent ? Qu'est-ce enfin que la « vie » et comment combiner ces éléments problématiques ?

Le fait que le terme ait trouvé droit de cité en français sous sa forme étrangère, allemande, c'est-à-dire qu'il fasse ouvertement figure d'« intraduisible », indique une difficulté à rendre clairement compte de la notion. Heidegger soulignait le caractère intraduisible du terme « *Weltanschauung* », forgé au sein de la philosophie, dont on ne trouve l'équivalent ni en grec ni en latin et dont la « frappe » serait par conséquent « spécifiquement allemande »[2]. Freud le notait également : « *Weltanschauung* est, je le crains, un concept spécifiquement allemand, dont la traduction dans des langues étrangères

1. *Le petit Robert*, Paris, 1977, p. 2124.
2. Heidegger, *Les Problèmes fondamentaux de la phénoménologie*, trad. fr. J.-F. Courtine, Paris, Gallimard, 1985, § 2, p. 21.

pourrait soulever bien des difficultés »[1]. Mais importer le terme étranger voile les difficultés, à l'inverse de l'effort de traduction qui les révèle alors même qu'elles ont tendance à passer inaperçues dans la langue d'origine. Car à y regarder de près, le terme « *Weltanschauung* » n'est pas plus clair en allemand qu'en français, au point que son « concept » a pu y être déclaré « pathologique »[2].

Si l'on veut donc comprendre ce qu'est une *Weltanschauung*, il faut sans doute commencer par le plus simple, qui est souvent aussi le plus difficile. La complication du mot *Weltanschauung* en allemand tient au fait qu'il s'agit d'un terme composé et par conséquent d'un concept double. Les termes allemands qui le composent désignent d'un côté le « monde » (*Welt*), de l'autre l'« intuition » (*Anschauung*). La notion composée devrait donc logiquement nous donner une « intuition du monde » ou une certaine « vue contemplative du monde ». On comprend alors naturellement qu'on traduise en français par « *vision* du monde » ou en anglais par « *worldview* »[3], la métaphore de la vision et du regard étant ici constitutive[4].

1. Freud, *Nouvelle suite des leçons d'introduction à la psychanalyse*, dans *Œuvres complètes. Psychanalyse*, t. XIX (1931-1936), J. Laplanche (éd.), Paris, PUF, 1995, p. 242.

2. E. W. Orth, « Ideologie und Weltanschauung. Zur Pathologie zweier Begriffe », dans K. Salamun (éd.), *Aufklärungsperspektiven. Weltanschauungsanalyse und Ideologiekritik*, Tübingen, Mohr Siebeck, 1989, p. 133-148.

3. On pourrait penser aussi à rendre le terme par « cosmovision », comme le suggère R. Brague en s'orientant sur le castillan (*La sagesse du monde*, *op. cit.*, p. 315).

4. Voir H. Schnädelbach, « Der Blick aufs Ganze. Zur Optik der Weltanschauung », dans *Philosophie in der modernen Kultur*, Frankfurt am Main, Suhrkamp, 2000, p. 150-162.

Mais dans le lieu même qui l'a vu naître, à savoir la philosophie kantienne, cette formation conceptuelle est contradic-
toire et a même pu être dite « paradoxale »[1]. Car en effet, si le
monde désigne l'idée de la totalité des phénomènes, cette
même totalité ne peut jamais être offerte à l'intuition. Car il n'y
a d'après Kant d'intuition que sensible. L'intuition est la représentation au moyen de laquelle le sensible se donne à nous, par
laquelle il est reçu par nous dans sa singularité à travers la
réceptivité de notre sensibilité. Ce qui signifie que le monde
n'est pas accessible à l'intuition, puisqu'il ne saurait y avoir
une « expérience de la totalité absolue de l'expérience ». Il
faudrait en effet pour ce faire nous situer à l'extérieur de
l'expérience, ce qui est impossible dans la mesure où nous
faisons nous-mêmes partie du monde. Cela n'interdit pas
cependant qu'une telle totalité soit, nous y reviendrons, un
« problème nécessaire de la raison »[2]. Si nous n'en avons pas
d'intuition, en aurions-nous alors plutôt un « concept » et donc
une « conception » ? Mais traduire « intuition » par « conception » semble relever du contresens : l'intuition, représentation
sensible, saisit ce qui est individuel, alors que le concept,
représentation intellectuelle, généralise. On renvoie ainsi non
seulement à deux facultés distinctes, la sensibilité et l'entendement, mais encore à deux opérations inverses. Comment dès
lors l'un pourrait-il rendre l'autre ?

L'analyse conceptuelle gagne en clarté lorsqu'on revient à
l'origine du terme tel que Kant l'a forgé, même si l'expression
n'apparaît qu'une seule fois chez lui, au § 26 de la *Critique de
la faculté de juger*, où elle se comprend par rapport au statut

---

1. H. Blumenberg, *Lebenszeit und Weltzeit*, Frankfurt am Main,
Suhrkamp, 1986, p. 9.

2. Kant, *Prolégomènes à toute métaphysique future qui pourra se
présenter comme science*, trad. fr. L. Guillermit, Paris, Vrin, 1993, § 40.

spécifique des «idées» métaphysiques qu'avait présentées la *Critique de la raison pure*. L'esprit, nous dit Kant, «entend en lui-même la voix de la raison» qui exige, même pour ce que nous ne pouvons pas appréhender entièrement, comme par exemple l'infini, une «totalité», c'est-à-dire la saisie dans l'ensemble d'*une* intuition. Dans cette possibilité de penser par exemple l'infini, il y a un dépassement de ce que peuvent les sens et donc de toute connaissance possible.

C'est là ce qui advient du monde. L'intuition du monde ne peut, pour les hommes dans le monde, qu'être finie. Sensible, elle ne voit qu'alentour. Elle est incapable de s'élever à la totalité, si ce n'est par une faculté suprasensible qui permet de penser sans connaître [1]. C'est pourquoi l'idée d'une véritable intuition du monde requiert une intuition d'un type spécifique où l'on percevrait le tout à partir d'un point de vue qui ne serait pas une inscription singulière dans le monde. Un tel «point de vue de nulle part», qui saisirait le tout sans être lui-même situé, semble être une contradiction dans les termes. Quel sens pourrait bien avoir un point de vue qui ne serait en aucun point ? Le modèle qui se rapproche le plus de cette vision est l'intuition divine, celle de l'être absolu qui voit le tout de nulle part puisqu'il est simultanément partout. On comprend alors ce que nous évoquions : pour l'homme, parvenir à une conception du monde n'est-ce pas vouloir retrouver la vision de Dieu ? N'est-ce pas là une ancienne prétention métaphysique qui outrepasse notre échelle humaine ? Dieu est dans cette perspective pensé comme la totalité qui est en même temps simple unité, esprit un présent en tout, qui est le monde et la conception du monde, soi et l'autre, l'un et le multiple...

---

1. Kant, *Critique de la faculté de juger*, trad. fr. A. Philonenko, Paris, Vrin, 1993, § 26.

Comme unité du voir et du concevoir, son entendement est celui qui correspond à ce modèle d'intellect que Kant appelle « archétype ». L'intellect archétype est celui qui est doué d'une intuition originaire, un entendement qui saisit par intuition le tout et ne comprend les parties qu'à partir de ce dernier[1]. Seul un tel entendement divin aurait une « conception » du monde qui serait en même temps « intuition » du monde, authentique *Weltanschauung*. Cette dernière est alors une forme de l'« intuition intellectuelle » qui saisirait et présenterait « tout d'un coup ».

Mais nous savons que notre entendement humain, fini et discursif, n'accède pas directement à l'adéquation du concept et de l'intuition. Il a besoin d'images et ne parvient à la conception du monde qu'à travers une « image du monde » et après un long travail d'analyse et de synthèse des concepts. Voilà qui suffit à montrer à quel point la métaphore de la vision fait difficulté. Le dictionnaire avait donc raison de dire de la conception du monde, de la *Weltanschauung*, qu'elle est une « vue métaphysique ». Il gardait en cela intact le problème initial. La conception du monde est un regard qui ne porte pas sur le sensible, mais sur un au-delà de la nature qui le comprend ; elle en est une représentation d'intelligence. Elle n'est pas pour nous une « vision », mais une façon de « concevoir » la nature à partir d'un élan métaphysique vers la totalité, dont les religions offrent l'exemple typique. Rien d'étonnant d'ailleurs à cela : Kant n'avait-il pas lui-même remarqué que la théologie était « à proprement parler ce qui a progressivement entraîné la raison dans l'affaire qui par la suite est devenue si célèbre sous le nom de métaphysique »[2] ? C'est pourquoi la traduction par

1. Kant, *Critique de la faculté de juger*, *op. cit.*, § 77.
2. Kant, *Critique de la raison pure*, *op. cit.*, A 853/B 881.

« conception du monde » n'est pas si mauvaise, même si elle estompe la métaphore du regard sensible au bénéfice d'une vision intellectuelle : d'origine théologique, elle désigne cette vision qui est en même temps conception.

Nous avons donc vu que l'esprit se découvre une faculté suprasensible. Celle-ci pose l'idée de ce que Kant appelle un « *noumène* ». Le « noumène » est le corrélat du « phénomène », de la chose telle qu'elle nous apparaît. Il est la chose en elle-même telle qu'elle serait accessible à une intelligence pure, à cette faculté que les Grecs appelaient le « *noùs* » (d'où le terme : *noumenon*) et qui, dépassant infiniment notre faculté de connaissance discursive, accède dans une vision des essences aux choses en soi[1]. Ce « noumène, écrit Kant, ne rend possible aucune intuition, mais est cependant posé comme substrat de l'intuition du monde (*Weltanschauung*) comme simple phénomène (…) qui comprend *entièrement sous* un concept (…) l'infini du monde sensible »[2]. Dans la mesure où aucune *chose* ne saurait correspondre à l'*idée* d'un tel « substrat de l'intuition du monde », on ne saurait évidemment en tirer aucune connaissance concernant l'ordre des choses et leur connexion en *un* univers. L'idée d'un tel substrat n'a donc aucune valeur « dans une perspective théorique intéressant la faculté de connaître ». En revanche, elle découvre à l'esprit la possibilité de saisir le monde dans son ensemble et de se rapporter à une telle compréhension, c'est-à-dire d'avoir une *Weltanschauung*. En cela elle élargit « l'esprit, qui se sent capable de dépasser les bornes de la sensibilité dans une autre perspective (pratique) ». Une *Weltanschauung* ne nous dit donc pas tant quelque chose sur le monde que sur notre rapport

---

1. Kant, *Critique de la raison pure*, *op. cit.*, A 287/B 344.
2. Kant, *Critique de la faculté de juger*, *op. cit.*, § 26 (traduction modifiée).

à lui, sur notre manière de nous situer. En cela, elle dépasse le cadre théorique pour assumer une fonction pratique.

Suivant Kant, c'est donc tout naturellement que l'esprit est amené à dépasser l'« intuition » du monde comme intuition du *mundus sensibilis*. L'intuition sensible de ce qui nous entoure, du monde ambiant, opère dans ses formes mêmes un travail de synthèse. De telles synthèses sont partielles, disions-nous, et ne rendent pas le monde sensible intelligible. Ou du moins, ne disposant pas du recul suffisant, elles ne permettent pas de comprendre la situation de l'homme dans le cosmos. C'est précisément là que Kant, dépassant les réflexions précédentes, repère un jugement que l'« entendement le plus commun ne peut, lorsqu'il réfléchit sur l'existence des choses dans le monde et sur le monde lui-même, esquiver » : à savoir non pas simplement que le monde manifeste une unité « comme si quelqu'un pouvait le *contempler* », mais encore que ce monde est *valorisé* par la position d'une fin, d'un but ultime[1]. La finalité posée dans le monde apparaît en ce contexte comme un principe d'intelligibilité, comme la présence d'un sens qui nous dit pourquoi et en vue de quoi les choses sont ce qu'elles sont en même temps qu'il nous dit comment l'homme peut y agir. On sait que c'est pour Kant la « bonne volonté » qui permet de valoriser l'existence et donner un but ultime à l'existence du monde. Mais peu importe ce choix : le mouvement qui passe de l'approche théorique à un monde habité de valeurs illustre pour une bonne part la difficulté que nous retrouvons au cœur même de la notion de « conception du monde ». Nous reviendrons plus bas sur cette approche kantienne.

---

1. Kant, *Critique de la faculté de juger*, *op. cit.*, § 86 (traduction modifiée).

COMPRÉHENSION ET INTERPRÉTATION DU MONDE

Comme *intuition*, la conception du monde semble se donner à nous de façon passive. Elle est la façon dont le tout s'imprime en nous. C'est ainsi qu'elle a notamment été comprise par les premiers romantiques qui revalorisent l'intuition. Friedrich Schleiermacher en est un exemple. Il inscrit la vision de la totalité de l'univers dans un élan religieux, Dieu étant pensé comme la totalité de l'être et de la connaissance. Plus même, le propre du sentiment religieux est d'être *Weltanschauung* comme contemplation de l'univers dans sa totalité :

> Elle [la religion] ne cherche pas, comme le fait la métaphysique, à expliquer l'Univers et à en déterminer la nature ; elle ne cherche pas, comme la morale, à le perfectionner et à le parachever en misant sur la liberté humaine et sur un libre arbitre d'origine divine. En son essence, elle n'est ni pensée ni action, mais intuition et sentiment. Elle veut intuitionner l'Univers ; elle veut épier avec recueillement les représentations et les actions qui le caractérisent ; dans une passivité d'enfant, elle veut se laisser saisir et gagner par lui [1].

Dans son intuition une, la *Weltanschauung* est le résultat d'une réceptivité qui semble s'opposer à l'effort actif de la pensée que Schleiermacher dit « métaphysique ». Car la religion diffère essentiellement de l'élan scientifique et philosophique. Certes, même la science et la philosophie visent l'intuition du tout, car connaître vraiment, n'est-ce pas toujours connaître le principe à partir duquel tous les détails s'éclairent ? C'est ainsi que l'entend le docteur Faust [2],

---

1. Schleiermacher, *Discours sur la religion*, trad. fr. B. Reymond, Paris, Van Dieren, 2004, p. 27.

2. Goethe, *Faust I*, trad. fr. G. de Nerval, Paris, Doudey-Dupré, 1828, vers 382-383.

modèle de chercheur en connaissance : il veut connaître activement le principe premier qui assure l'unité du monde, sa cohésion, et pour cela il lui faut contempler le monde pour en saisir le cœur.

Faut-il alors se laisser affecter par le monde pour parvenir à son intuition ou au contraire construire la connaissance par l'activité de notre esprit ? Dit autrement : la conception du monde est-elle une manière dont un sujet projette un monde, c'est-à-dire le configure, ou est-elle une façon dont le monde lui-même s'impose à l'homme à partir de la vie ? Cette dualité d'approche est déterminante pour comprendre ce que sont les conceptions du monde. Si l'on peut dire dans les deux cas que le monde est notre interprétation et que les conceptions du monde sont des doctrines compréhensives de ce monde, soit on soulignera l'aspect actif de notre construction de versions du monde, soit on se référera davantage à une philosophie de la vie qui insistera sur la manière dont nous le recevons, sur la manière dont nous sommes affectés par lui jusque dans nos émotions, nos sentiments, nos humeurs, nos craintes, nos peurs, nos angoisses.

Dans la manière dont nous nous « trouvons » au monde, nos sentiments et émotions semblent déterminants et l'éclairent en entier. Ainsi la peine ou la tristesse le rendent morne et gris, faisant de la vie un fardeau, ou nos plaisirs et nos joies nous font voir « la vie en rose » et éprouver la légèreté de l'être. Cette emprise de « tonalités affectives » (*Stimmungen*) concerne le monde en sa totalité : non seulement tel qu'il est, mais encore et surtout tel que nous nous rapportons à lui, c'est-à-dire par rapport aux valeurs qui dirigent notre action. Car joie ou tristesse, optimisme ou pessimisme ne sont pas seulement des façons de voir le monde, mais d'y agir.

À l'inverse de cette réceptivité, le monde se trouve également formé et informé par nos projets, par notre manière de nous y glisser en donnant un sens à ce qui est. C'est là que les choses du monde entrent dans le cadre de nos projets et reçoivent leur sens et leur valeur de la signification du monde projeté. Ces mises en forme sont autant de structures sans lesquelles le monde n'apparaît pas comme monde. Ainsi par exemple une conception religieuse du monde, partant du sentiment que quelque chose dépasse l'homme, mettra le monde en forme par le recours à la force d'êtres supérieurs dont l'homme sollicitera le concours, donnant ainsi naissance au culte, aux activités des devins, magiciens, sorciers et autres prêtres spécialistes du rapport avec un ordre transcendant. Cet ordre transcendant, invisible et efficient, régira non seulement ce que l'homme pense quant à l'origine du monde, mais aussi son action. De telles interprétations du monde mettent en œuvre des catégories spécifiques qui permettent à la conscience de synthétiser le divers, comme par exemple celle d'une « efficience invisible ». Les façons de concevoir le monde relèvent alors de ce qu'on peut appeler un « constructivisme », le monde étant plus construit par notre esprit que reçu par nos sens. Du coup, la traduction de *Weltanschauung* par « conception du monde » convient mieux : on sait en effet que l'intuition sans concept est aveugle et qu'elle ne saurait donner à elle seule un monde. C'est pourquoi les deux perspectives, passive et active, se conjuguent, notre conception dépendant à la fois de la façon dont nous nous trouvons affectés par le monde et de la manière dont nous le projetons.

La mise en sens du monde

Que l'esprit soit communément pensé comme « configurateur » de monde, voilà ce qu'illustre ce récit fondateur bien connu qui relate la création dans le premier chapitre de la *Genèse*, où apparaissent le monde, puis l'humanité. Avant la création du monde, dit la Bible, le souffle de Dieu « planait sur les faces des eaux ». Ce « vent violent » de l'esprit était simultanément en tout point et par conséquent nulle part, sans point de vue aucun. Ce que nous appelons la création du monde n'est alors dans un premier temps que juxtaposition d'éléments, de ciel et de terre auxquels il faut ajouter les eaux de la mer, conformément à l'image babylonienne du monde. Le terme qui désignerait le « monde » n'apparaît pas dans le récit, mais on peut poser que c'est comme *sens* qu'il advient *comme* monde, précisément en ce que les éléments se trouvent informés. La création du monde n'est pas ici *ex nihilo*, elle n'est pas directement celle de la matière dont on suppose qu'elle était déjà là, indistincte, informe, « im-monde » : le « monde » dans la *Genèse* est l'édification du monde comme inscription du « sens » dans la matière. Recouverte par les eaux informes, la terre doit attendre la parole de Dieu qui introduit la lumière, sépare les ténèbres, pour que sa configuration puisse apparaître. C'est là la fonction initiale de la lumière qu'instaure la première parole de Dieu : « Que la lumière soit ! ». La lumière éclaire, elle chasse les ténèbres, la nuit au-dessus de l'abîme, faisant en son jour surgir à la fois ciel et terre. Avant l'avènement du monde, nous sommes dans l'indistinction, sans repère, ni spatial ni temporel : Dieu dispose des éléments qui permettent l'apparition du sens, notamment à travers l'orientation spatio-temporelle, comme les astres lumineux paraissant au ciel afin qu'« ils servent de signe » sur terre, permettant de se situer dans l'espace et le temps. Le soleil et la lune permettent de diviser le temps, le jour et la nuit, en même temps que le « grand luminaire » donne la distinction entre le « levant » et le « couchant », l'« orient » et l'« occident ». Ce monde créé s'offre finalement à son créateur qui en a la vision globale dans une *Weltanschauung* première : « Dieu vit tout ce qu'il avait fait. Voilà, c'était très bon ». Le récit mythique dit donc l'intuition de la totalité en même temps que l'expérience de sa valeur. Cette valeur ressentie comme plaisir n'est autre que la manifestation de la présence du sens. Dieu saisit le monde sous l'espèce de l'éternité, dans un regard de la pensée, un regard théorique survolant le monde, le contemplant tout en le laissant tel qu'il est. C'est d'un tel regard sans doute, dont les conceptions du monde semblent être la nostalgie, que l'art et la pensée nourrissent[1].

Mais ce monde du récit de la création, doté par Dieu d'un sens global, n'est encore que le cadre le plus général du monde, car pour en prendre possession, l'homme doit lui-même nommer, désigner. C'est là ce qu'il accomplit dans le deuxième chapitre de la *Genèse*. Par la dénomination, la désignation des animaux et des choses, il prend possession du monde, c'est-à-dire à la fois le domine et signifie la supériorité de la culture sur la nature. En même temps, situé lui-même dans le monde, dans un monde spatialement et temporellement structuré, qui cadre son regard, l'homme donne à travers un langage qu'il fixe une image du monde qui n'est plus celle de la totalité et qui n'est donc plus affranchie de toute perspective.

Le monde n'existe donc pas comme une réalité toute faite : il doit être constitué en monde par l'effort de l'esprit humain. C'est en cela que Heidegger disait que « la pierre est sans monde », que « l'animal est pauvre en monde », alors que « l'homme est configurateur de monde »[2]. Mettre le monde

1. Wittgenstein écrit en ce sens : « Mais il me semble cependant qu'outre le travail de l'artiste, il existe encore une autre façon de saisir le monde *sub specie aeterni* : c'est, à ce que je crois, le chemin de la pensée, qui survolerait, pour ainsi dire, le monde en le laissant tel qu'il est, le contemplant du haut de son vol » (Wittgenstein, *Remarques mêlées*, trad. fr. G. Granel, Mauvezin, T.E.R., 1990, p. 17, traduction modifiée).

2. Heidegger, *Les concepts fondamentaux de la métaphysique*, trad. fr. D. Panis, Paris, Gallimard, 1992, p. 264 *sq.*

en forme, c'est le mettre en image. Autrement dit, l'homme construit le monde en l'imaginant, ce qui ne signifie pas seulement qu'il détermine son aspect pictural, mais aussi qu'il l'investit de sentiments et de désirs, d'émotions ou de pensées plus abstraites. Il ne faut pas pour autant penser cette imagination comme entièrement libre et indéterminée, comme s'il n'y avait pas de réalité en dehors du monde que l'homme configure. Le plus souvent, ce n'est pas librement qu'il met en forme : il dispose pour cela d'une sensibilité définie, de concepts et de valeurs hérités, de réactions physiologiques etc. Mais il n'en demeure pas moins que cette réalité qu'est le monde n'apparaît pas lorsqu'elle n'est pas interprétée. Comme le dit la suite du récit rappelé ci-dessus, ce n'est qu'une fois que les hommes ont mangé de l'arbre de la connaissance du bien et du mal, ce fruit qui rend « perspicace », qu'ils pourront prendre conscience que la réalité est interprétation de la réalité : d'un coup ils voient autrement leur nudité et prennent honte de ce dont auparavant ils ne blêmissaient pas. C'est dans une interprétation que les yeux des hommes s'ouvrirent dit *Genèse* 3. La réalité ne devient monde que par l'interprétation qui la rend cohérente et par là compréhensible ou intelligible.

Les versions du monde

De telles interprétations sont possibles de multiples manières. Du côté de l'extrême individuel, si chaque individu constituait son monde en fonction de sa situation et de la mise en forme qui lui est propre, nous serions condamnés au solipsisme le plus radical. Leibniz le pensait en situant l'intuition du monde, la *Weltanschauung*, au cœur de la substance individuelle. Tout en défendant une vision optimiste de la multiplicité des perspectives sur le monde qu'il estimait encore dans une harmonie garantie par Dieu, Leibniz signifiait bien la diversité des mondes, chaque substance simple n'étant que « miroir de l'univers à sa mode »[1] :

> Et comme une même ville regardée de différents côtés paraît tout autre et est comme multipliée perspectivement, il arrive de même, que par la multitude infinie des substances simples, il y a comme autant de différents univers, qui ne sont pourtant que les perspectives d'un seul selon les différents *points de vue* de chaque monade[2].

Le monde est mis en forme comme monde par le langage, la science, la religion, l'art, la philosophie, l'économie, le droit etc., qui ne sont pas des créations individuelles mais s'inscrivent dans des collectivités, des valeurs et des savoirs transmis. C'est ainsi que les conceptions du monde renvoient à des communautés qui disposent des mêmes éléments pour orienter leurs interprétations. Autrement dit, le monde est « culture », symbolisation progressive de l'expérience que les hommes font d'eux-mêmes et des choses. La culture comme « seconde nature » est ainsi une compréhension du monde qui superpose au monde un ordre fixé dans des œuvres et des institutions. Le rapport au monde se fait donc au moyen d'une activité signifiante, par l'institution et la construction de signes, de symboles, de formes, d'ordres signifiants. Bref : nous disons le réel en le signifiant et en ce sens nous l'interprétons. Avoir une conception du monde est alors comprendre le monde comme signifiant.

Ce n'est donc pas simplement en fonction de leur inscription singulière que les individus conçoivent des mondes différents : la réalité ne se donnant pas dans une simple réceptivité mais étant marquée par une activité constructrice de l'esprit

---

1. Leibniz, *Monadologie*, Paris, GF-Flammarion, 1996, § 63.
2. *Ibid.*, § 57.

humain, on est amené à envisager une multiplicité de mondes. Cela signifie qu'à proprement parler nous n'avons pas de monde en dehors de sa constitution, c'est-à-dire, comme le montre Nelson Goodman[1] dans le prolongement de la *Philosophie des formes symboliques* de Cassirer, que nous n'avons du monde que des « versions ». D'où une pluralité de mondes qui peuvent se côtoyer, un univers pluralisé suivant les « conceptions » que nous en avons. Si le monde nous apparaît inévitablement comme l'une de ses interprétations, c'est qu'il n'y a pas *plusieurs* versions d'un *même* monde, mais *plusieurs mondes* que nous ne pouvons pas comparer à un monde en soi qui en ferait autant de versions d'un seul et même monde. Dire du monde qu'il est *une* « version », c'est dire qu'il est le produit d'une interprétation et qu'il existe d'autres interprétations. Ce qui est une autre façon de dire que le monde n'est pas assimilable à la réalité extérieure : il faut que le divers soit unifié, synthétisé d'une manière ou d'une autre. Le monde comme monde n'est que d'être informé, configuré. Du coup, ce n'est pas tant le *monde* qui importe, puisque n'étant en rien identifiable nous ne saurions rien dire d'intelligent sur ce qu'il serait, que son interprétation, c'est-à-dire ce que nous *supposons* quant à lui. C'est pourquoi Goodman écrit, par-delà tout essentialisme : « Nous ferions mieux de nous concentrer sur les versions que sur les mondes »[2]. On le voit : si le monde *un* est, comme chez Kant, le fruit de la passion unificatrice de notre raison, il n'en demeure pas moins que « notre passion pour *un* monde est […] satisfaite de *multiples* manières différentes, à des différents moments et pour des buts différents »[3]. Il y

1. N. Goodman, *Manières de faire des mondes*, trad. fr. M.-D. Popelard, Paris, Jacqueline Chambon, 1992.

2. *Ibid.*, p. 127.

3. *Ibid.*, p. 30.

aurait donc autant de mondes qu'il y a de versions cohérentes du monde. Ces versions ne sont d'ailleurs pas création à partir de rien. Elles intègrent des interprétations préalables, d'autres versions qui sont défaites ou refaites, les « conceptions du monde » étant avant tout « reconceptions »[1].

La représentation synoptique

Concevoir le monde s'inscrit donc dans un processus d'interprétation visant à une compréhension. Parler d'un monde, c'est parler d'une interprétation parvenue à ce que l'on appelle une compréhension. Comprendre consiste précisément à parvenir à une saisie uniforme. Comprendre vraiment, n'est-ce pas embrasser du regard l'ensemble des chaînes de raisons, des principes premiers aux ultimes conséquences ? C'est pourquoi la philosophie et tout élan qui cherche à comprendre débouchent sur l'*idée* d'une « vue synoptique », d'une synthèse qui saisit le divers dans l'unité, même si « toute notre compréhension n'est que *relative*, c'est-à-dire suffisant à une fin déterminée » alors qu'« il n'est rien que nous comprenions *absolument* »[2]. Les théories classiques de la compréhension voient là le mouvement de complémentarité réciproque qui permet de comprendre le tout à partir des détails et inversement, les détails ne tenant leur intelligence que d'être éclairés par le tout. Il semble alors naturellement inscrit dans l'élan de tout comprendre que l'on s'oriente vers une telle conception du monde. C'est en ce sens, par exemple, que Wittgenstein, conformément à la tradition philosophique, assimile la « compréhension » à une « vue d'ensemble » :

1. « Pour construire le monde comme nous savons le faire, on démarre toujours avec des mondes déjà à disposition ; faire, c'est refaire » (*ibid.*, p. 15).
2. Kant, *Logique*, trad. fr. L. Guillermit, Paris, Vrin, 1982, Introduction, VIII C, p. 73.

La représentation synoptique procure la compréhension, qui consiste précisément en ce que nous «voyons des connexions». D'où l'importance de la découverte et de l'invention d'*éléments intermédiaires*.

Le concept de représentation synoptique a pour nous une signification fondamentale. Il désigne notre forme de représentation, la manière dont nous voyons les choses. (Est-ce là une «*Weltanschauung*»?)[1].

Comme toute saisie conceptuelle, comprendre est cette activité de l'intelligence qui comprend le divers dans l'unité, qui explique le multiple à partir de l'un. Mais pour autant, la compréhension conduit-elle nécessairement à une conception du monde? La philosophie, dont les problèmes consistent à reconnaître qu'on ne s'«y retrouve pas»[2], semble en effet y mener. Lorsque nous ne nous y retrouvons pas, c'est-à-dire lorsque nous sommes désorientés, la philosophie nous permet de comprendre dans la vue synoptique l'ensemble des règles dans lesquelles nous sommes pris, à savoir les règles des jeux de langage ou des formes de vie[3]. Cette vue synoptique est ce que la philosophie décrit. Mais pouvons-nous n'être pas empêtrés dans nos règles de sorte à avoir de cet ensemble une vue synoptique? N'ayant pas immédiatement le tout sous les yeux, le travail de l'interprétation découvrira et inventera des «éléments intermédiaires», faisant appel à l'imagination.

Il n'en demeure pas moins que la «représentation synoptique» n'est pas pour autant à elle seule *Weltanschauung*. Certes, l'idée suivant laquelle notre compréhension soumet

---

1. Wittgenstein, *Recherches philosophiques*, trad. fr. F. Dastur *et alii*, Paris, Gallimard, 2004, § 122. Les textes ont été retraduits. Les citations indiqueront les références des paragraphes.

2. *Ibid.*, § 124 et 123.

3. *Ibid.*, § 125.

nécessairement notre représentation au dur travail de la synthèse, à la discipline de la totalité, est essentielle : nous voyons
les choses comme un tout, ce qui suppose que nous mettions en
ordre les données, dans la collaboration entre notre entendement et notre imagination. Mais l'idée d'une *Weltanschauung*
transcende les conditions mêmes de la possibilité de la philosophie puisque la vue synoptique qu'elle réclame supposerait
un œil au-delà du monde. Par nature la « conception du
monde » dépasse le monde. Aussi est-ce finalement non pas
une connaissance, mais un sentiment qui nous donne cette
totalité. C'est là ce que Wittgenstein interroge à la fin du
Tractatus logico-philosophicus, après avoir analysé dans une
première partie en quoi consistait le « monde » et l'« image du
monde », donnant en même temps des exemples de conception
du monde. Suivons-en rapidement l'analyse.

La « conception moderne du monde repose sur l'illusion
que les prétendues lois de la nature sont des explications des
phénomènes de la nature »[1] écrit Wittgenstein. En effet, les
lois de la nature relèvent de la logique, dont le monde est
indépendant. Dans la conception que les Anciens ont du
monde, « Dieu et le Destin » tenaient ce rôle des lois de la
nature[2]. Mais l'image logique de « la totalité de la réalité »
qu'« est le monde »[3] n'est pas encore à proprement parler
conception du monde. Pour avoir affaire à une conception du
monde, il faut concevoir que « le sens du monde doit être en
dehors de lui », que sa « valeur » doit être « en dehors ». C'est

---

1. Wittgenstein, *Tractatus logico-philosophicus*, trad. fr. G.-G. Granger,
Paris, Gallimard, 1993, 6.371. Les textes ont été retraduits. Les citations
indiqueront les références des paragraphes.

2. *Ibid.*, 6.372.

3. *Ibid.*, 2.063.

que si « le monde est la totalité des faits »[1], le sens global du monde n'est pas un fait. Car « dans le monde tout est comme il est et tout arrive comme il arrive ; il n'y a *en* lui pas de valeur »[2]. C'est en cela que l'« éthique est transcendantale ». Ainsi le « bon » ou le « mauvais vouloir » peuvent changer les « frontières du monde » sans changer le monde. Le monde est comme il est, et cela même s'il pouvait être tout autre. Mais en changeant les frontières, le monde devient « absolument autre » : « Le monde de l'homme heureux est un autre que celui de l'homme malheureux »[3]. Cela ne relève pas des faits, dont on pourrait parler, mais du point de vue d'un sujet transcendantal, dont on ne peut rien dire, car on ne saurait le relever dans le monde[4]. Voilà qui explique aussi que des conceptions distinctes du monde puissent coexister sans communication. Ce point de vue transcendantal, qui est « intuition du monde *sub specie aeterni* » donne son « intuition comme-totalité-bornée »[5]. Et ce « sentiment du monde comme totalité limitée est le mystique »[6], intimement lié au problème du « sens de la vie ». Ce « sens de la vie », qui est « sens du monde », est ce que l'on « peut appeler Dieu » : en cela le sens du monde est transcendant, et dans la mesure où l'on ne peut parler de manière sensée que des choses du monde, il faut sur ce point, dit Wittgenstein, garder le silence. Le bien est en dehors des faits, et c'est en quoi il est divin. C'est ainsi que non seulement « la vie et le monde sont un »[7], mais encore que « je suis mon

---

1. Wittgenstein, *Tractatus logico-philosophicus*, *op. cit.*, 1.1.
2. *Ibid.*, 6.41.
3. *Ibid.*, 6.43.
4. *Ibid.*, 5.633.
5. *Ibid.*, 6.45.
6. *Ibid.*
7. *Ibid.*, 5.621.

monde »[1]. Certes, Wittgenstein se dresse ici contre ce que l'on rationalise illégitimement, comme les « conceptions du monde » dont on ne peut pas parler intelligemment, mais tout en reprenant, dans l'élan même de la compréhension, le mouvement qui y conduit.

Les conceptions du monde tiennent donc au fait que le sujet dans le monde a un rapport compréhensif à celui-ci. Dans le monde il est pris dans des projets de monde qui le dépassent en tant que sujet. Et pris dans ces projets dont Kant avait relevé la structure, l'homme se trouve porté vers des conceptions qui relèvent du mouvement de totalisation. Ces compréhensions du monde sont donc une forme de tentative d'achèvement du processus d'interprétation. Elles sont des « doctrines compréhensives », à la différence des doctrines « explicatives » dont la spécificité tient au statut des propositions théoriques qui les sous-tendent : ces dernières se réfèrent au modèle de la connaissance scientifique. On peut ainsi tout naturellement assimiler la *Weltanschauung* à un certain type d'interprétation, à savoir celle qui, partant des formes élémentaires de la compréhension, progresse jusqu'à une structure qui garantit l'unité d'un monde, comme les interprétations religieuses du monde en fournissent le modèle. La vie peut alors être ressaisie dans un mouvement progressif de totalisation qui édifie à partir d'elle-même une totalité qui conduit à des systèmes culturels dans lesquels se développe l'expression d'une relation entre ses éléments, les valeurs, la signification et le sens de la vie.

Le langage, entre vision et conception du monde

On trouve le modèle traditionnel d'une telle définition des conceptions du monde dans la compréhension du langage

---

1. Wittgenstein, *Tractatus logico-philosophicus, op. cit.*, 5.63.

thématisée par Wilhelm von Humboldt. Humboldt plus que tout autre nous a appris qu'il ne saurait y avoir de monde que là où il y a du langage qui interprète le monde. Son étude comparée des langues nous a en effet montré que la façon dont nous voyons le monde est tributaire de la langue dont nous disposons et dans laquelle l'esprit, en son énergie, le met en forme. À ce titre, il n'y a pas de langue privilégiée, chaque langue organisant le monde et la pensée d'une manière qui lui est propre relativement aux moyens sémantiques et syntaxiques dont elle dispose. En raison de l'unité de la pensée et du langage, toute langue est déjà une synthèse. La diversité des langues est alors, nous dit Humboldt, une « diversité des visions du monde (*Weltansichten*) elles-mêmes »[1]. La langue comme travail de l'esprit permet de configurer le monde et la structure des langues détermine la façon dont nous élaborons notre image du monde. C'est sous cette forme que la thèse a été reprise dans le cadre de la théorie du « relativisme linguistique », popularisée dans la célèbre hypothèse ethnolinguistique de Sapir-Whorf. Cette dernière amalgame d'ailleurs « vision » et « conception du monde », *Weltansicht* et *Weltanschauung*. L'hypothèse de Sapir-Whorf affirme que la langue d'une société donnée, qui pense et parle dans cette langue, organise son expérience en fonction des formes linguistiques et façonne de la même manière son « monde » environnant et sa réalité sociale, chaque langue contenant non seulement une « vision » du monde, mais encore une « conception » du monde. En effet, la pensée est linguistiquement conditionnée non seulement dans son appréhension du monde sensible,

---

1. Humboldt, « Sur l'étude comparée des langues dans son rapport aux différentes époques du développement du langage », dans *Sur le caractère national des langues et autres écrits sur le langage*, trad. fr. D. Thouard, Paris, Seuil, 2000, p. 101.

mais encore dans les idées qui en régissent l'interprétation. Là se trouve la puissance de la tradition qui livre notre pensée et notre vouloir à la forme linguistique transmise, qui nous soumet à la tradition de la langue. Autrement dit, le langage n'est pas un reflet de la réalité, mais la met en forme, c'est-à-dire relève de nos représentations objectives puisqu'il participe à la construction des objets et donc du monde. Il ne faudrait pas croire pour autant que la langue ne concourt qu'à l'établissement d'une image théorique du monde : elle participe aussi à l'information du monde de la volonté, dont elle nomme et structure les conditions et les fins, c'est-à-dire qu'elle assume une perspective pratique et éthique. La langue ne configure donc pas simplement le monde des objets, mais aussi le monde social. De là l'idée bien reçue suivant laquelle les limites de notre langage sont celles de notre univers.

S'il est vrai que Humboldt parle de l'interdépendance entre la structure interne des différentes langues et les visions du monde, il ne faut pas pour autant confondre « vision » et « conception » du monde. En effet, nous éprouvons la force formatrice de la langue dès lors que nous nous y intégrons, la « forme interne » de la langue préformant notre vision générale du monde. Ce que l'homme rencontre alors dans le monde, ce dont il peut faire l'expérience, est nécessairement médiatisé par les formes linguistiques dont il dispose. Mais l'image du monde correspondant à cette vision du monde est antérieure à une authentique conception du monde : elle désigne l'appréhension phénoménale du monde, qui découpe ce qui dans le monde extérieur se donne à l'intuition sensible suivant la langue, ses catégories et ses structures. L'authentique « conception du monde » en revanche, qui se fait sur la base de cette image, inclura des croyances, des valeurs, des humeurs, des passions : elle va interpréter le monde en fonction de principes et sur la base d'une vision du monde, d'une image du monde qui correspond à une pré-compréhension linguistique du monde, mais en le dotant de sens et de valeur. La conception du monde dépasse en cela la simple vision du monde.

Une telle approche des visions du monde ne doit pas donner à penser qu'elles se stabilisent dans des cadres figés. Ce serait ignorer la vie de la langue et ouvrir la voie à un nationalisme linguistique se prolongeant en nationalisme de la pensée et s'achevant dans un relativisme affectant les conceptions du monde elles-mêmes. Car si ce sont bien les langues nationales qui permettent de développer la compréhension du monde, la réflexion poussée sur ce qu'elles configurent permet d'en faire ressortir le sens et donc la *Weltanschauung*.

> La production du langage répond à un besoin intérieur de l'humanité. Bien loin de se réduire à un simple besoin extérieur destiné à la communication sociale, il est immanent à la nature humaine, il est la condition indispensable pour qu'elle déploie les forces spirituelles qui l'habitent et pour qu'elle parvienne à une conception du monde (*Weltanschauung*) à laquelle l'homme ne peut accéder qu'en clarifiant et en déterminant sa propre pensée dans la pensée en commun avec d'autres [1].

Notre image du monde, bien que liée à nos catégories linguistiques, ne soumet pas inexorablement notre pensée à un ordre du discours ou à une police du langage qui coulerait notre pensée dans un moule : la conscience des catégories linguistiques permet d'agir réflexivement sur leur caractère contraignant, en travaillant par exemple sur la langue pour lui faire dire autre chose que ce qu'elle dit. C'est là ce dont témoignent par exemple la littérature et la poésie. En cela les visions et les conceptions du monde sont susceptibles de changement. Par ailleurs, la langue n'existe pas en elle-même au plan d'une

---

1. Humboldt, *Sur le caractère national des langues*, *op. cit.*, p. 151 (traduction modifiée).

communauté dont elle représenterait la substance : elle n'existe que mise en acte par un individu capable non seulement de la déterminer, mais encore de l'infléchir. La langue n'existe que dans l'interaction avec l'individu qui la parle. Étant par ailleurs d'essence dialogique, elle appartient « nécessairement à deux » pris dans la communication. Simultanément individuelle et dialogique, l'un ne connaît donc pas exactement l'usage que l'autre fait de la langue, ce qui rend possible les authentiques échanges et nécessaires les transformations des visions du monde. Le langage étant pour Humboldt un processus permanent auquel participent les individus, il est finalement une « propriété appartenant à l'espèce humaine dans son indivisible totalité »[1]. Les visions du monde sont donc, comme la vie de la langue elle-même, soumises à de perpétuelles révisions, chaque vision du monde étant confrontée à celle qui la précède. Il n'y a donc pas lieu de penser à une réalité substantielle des visions du monde ni des conceptions du monde qui s'érigent à partir d'elles. Visions et conceptions du monde sont prises dans un processus qui conduit à dépasser les langues individuelles, comme en témoigne par exemple le processus de la traduction.

Image et conception du monde

Nous avons vu qu'une *Weltanschauung* part d'une image du monde qu'elle investit d'un sens. On doit donc distinguer l'image et le sens à prétention globalisante qui l'habite, même si souvent image et sens s'élaborent simultanément. Cette simultanéité explique que l'expression « image du monde » est fréquemment utilisée comme simple synonyme de « concep-

---

1. Humboldt, *Introduction à l'œuvre sur le kavi*, trad. fr. P. Caussat, Paris, Seuil, 1974, p. 201-202 (traduction modifiée).

tion du monde ». C'est pourquoi il nous faut avant tout préciser ce qui fait la spécificité des *images du monde*.

Au sens le plus immédiat, une « image » du monde nous le représente tel que nous le percevons. Elle en est la représentation. Et tout vivant a une image du perçu qui l'entoure, variable suivant le mode de perception et les éléments du monde qui sont perçus, étant entendu qu'il ne faut pas ici se limiter aux perceptions visuelles. L'image du monde est alors une association d'images. C'est là ce que peut expérimenter chacun d'entre nous, grandi en un lieu et dans un temps, dans des relations à autrui, des traditions culturelles, des sentiments, des joies et des peines pris dans une combinaison singulière qu'aucun autre ne saurait partager. Une telle image n'est pas entièrement produite par nous. L'image que nous avons du monde est en effet non seulement formée par la façon que nous avons de nous y insérer, mais encore par les éléments hérités, entre autres, comme nous venons de le voir, le langage sur le fond duquel nous formons de telles images du monde. Comme toutes les images, les images du monde présentent un tout dont la cohérence tient à la vue d'ensemble des éléments qui la composent. En organisant la représentation, les images servent alors d'intermédiaire quant à la façon dont nous pensons le monde. On en trouve une illustration en cartographie, où la représentation d'une vision globale du monde participe à la stabilité de notre image du monde tout en devant être mise en relation avec notre subjectivité imageante. On sait par exemple que lire un planisphère renversé, où le Nord remplace le Sud, renouvelle le regard et atteste que les visions du monde dépendent du point de vue et de l'orientation. Remplacer la classique projection *conforme* de Mercator (1569), qui respecte les angles mais pas les aires (l'Europe y paraît plus grande que l'Amérique du Sud), pour représenter sur un cylindre le globe terrestre, par la controversée projection *équivalente* de Arno Peters (1973) qui respecte les aires mais conduit à allonger l'Afrique, l'Amérique du Sud et l'Australie, transforme la perception du monde. Si on sait que la réduction d'une sphère à un plan ne saurait être exacte, le choix de la projection dépend de l'usage qu'on en veut faire et de l'idée qui y préside, c'est-à-dire du sens visé par un sujet : la projection de Mercator était *ad usum navigantium*, alors que la projection de Peters voulait promouvoir une vision du monde s'opposant à l'européocentrisme, même en sachant les distorsions qu'elle engageait dès lors qu'elle cherchait à redonner aux pays intertropicaux leur taille réelle. On voit dans cet exemple à quel point l'image du monde et la conception du monde sont en interaction en fonction des intérêts en jeu.

Mais l'image du monde n'est pas à réduire à son essence picturale, comme pourraient le suggérer les exemples précédents. Notre représentation du monde compte bien d'autres éléments. C'est ainsi que Wittgenstein a été amené à définir les images du monde de manière beaucoup plus générale comme « l'arrière-plan transmis sur le fond duquel je distingue vrai et faux »[1]. Les images du monde sont pour lui constituées d'évidences reçues qui structurent notre compréhension préalable et forment le cadre de nos « conceptions » du monde. Pas de compréhension qui ne soit déjà inscrite dans le champ d'une compréhension préalable. C'est dire que mon image du monde n'est pas celle que j'adopte parce que je la tiens pour juste ou vraie, mais la condition de possibilité de *ma* distinction entre le vrai et le faux. À ce titre, les images du monde constituent « le substrat de tout ce que je cherche et de tout ce que j'affirme »[2].

---

1. Wittgenstein, *De la certitude*, trad. fr. G. Durand, Paris, Gallimard, 1976, § 94. Les textes ont été retraduits. Les citations indiqueront les références des paragraphes.

2. *Ibid.*, § 162.

Comme arrière-plan transmis sur le fond duquel nous disons, pensons et faisons ce que nous disons, pensons et faisons comme nous le disons, le pensons et le faisons, l'image du monde est composée à la fois de discours ou éléments linguistiques, comme les récits, histoires et légendes, et d'éléments qui ne se résument pas à des discours mais impliquent des valeurs, comme les religions ou les mythes, les mœurs, les rites etc. Tout cela se réunit pour former, dans l'image du monde, une certaine totalité pour les hommes d'une culture et d'une époque, qui leur donne pour ainsi dire une vision unifiée du monde, assurant par là une certaine cohérence dans un modèle qui semble s'offrir à l'intuition. Les images du monde brossent pour ainsi dire un «portrait du monde», avec les caractéristiques qui sont celles des portraits :

> Un portrait n'est ni une *reproduction* au sens d'une carte géographique qui peut être plus ou moins précise, ni une *restitution d'état de chose* au sens d'une proposition qui pourrait être vraie ou fausse. Un portrait présente bien plutôt un aperçu sous lequel la personne représentée apparaît d'une certaine manière. C'est pourquoi il peut y avoir plusieurs portraits de la même personne. Ces portraits peuvent faire apparaître le caractère sous des aspects tout à fait différents, tout en étant ressentis comme également pertinents, authentiques ou adéquats. De façon similaire, les images du monde fixent le cadre conceptuel de base à l'intérieur duquel nous interprétons tout ce qui existe dans le monde comme quelque chose de déterminé. Les images du monde peuvent aussi peu que les portraits être vraies ou fausses [1].

Une image du monde synthétise donc tout ce qui rassemble, à un moment donné, une certaine vision du monde,

---

1. Habermas, *Théorie de l'agir communicationnel*, *Rationalité de l'agir et rationalisation de la société*, t. 1, trad. fr. J.-M. Ferry, Paris, Fayard, 1987, p. 74.

un regard homogène dans lequel se placent les expériences vécues. À ce titre :

> Les propositions qui décrivent cette image du monde pourraient relever d'une espèce de mythologie. Et leur rôle ressemble à celui de règles de jeu, jeu que l'on peut aussi apprendre de manière purement pratique, sans règles énoncées [1].

Une « mythologie » n'est pas un ensemble de discours comme un autre : il s'agit de récits, de discours d'origine qui informent le monde, qui non seulement lui donnent sens en fixant les directions permettant toute orientation, en distinguant par exemple le sacré et le profane, mais encore qui règlent l'action par l'ensemble des rites qui organisent la présence du sens. L'image du monde dit par conséquent une certaine forme de vie qui apparaît comme une forme de jeu de langage, de règles du jeu que l'on peut pratiquer sans avoir explicitement énoncé ces règles. Une telle image du monde n'est donc pas une construction exclusivement théorique, mais règle tout aussi bien la pratique. C'est bien pourquoi une image du monde n'a pas besoin d'être *vraie*; il suffit qu'elle soit *bonne*. Par exemple :

> L'image de la terre comme sphère est une *bonne* image, elle fait partout ses preuves, c'est aussi une image simple – bref, nous travaillons avec elle sans la remettre en doute [2].

Mais si les images du monde sont conçues comme procurant le fond sur lequel nos jugements, assertions ou actions prennent sens, si elles figurent une condition de possibilité de la pensée et de l'action en recouvrant un ensemble de

---

1. Wittgenstein, *De la certitude*, *op. cit.*, § 95.
2. *Ibid.*, § 147.

croyances qui orientent la pratique, qu'est-ce qui les distingue des « conceptions du monde » ? Pas grand-chose, à vrai dire, ce qui explique qu'elles soient souvent confondues avec elles.

Sans différence spécifique entre l'image du monde et la conception du monde, il semblerait cependant inutile de maintenir les deux concepts. C'est pourquoi il faut convenir que l'image du monde, tout en présentant une unité, une totalité, à la différence de la conception du monde ne nous dit pas nécessairement ce qu'il en est de l'*origine* et de la *fin*, c'est-à-dire ne s'interroge pas sur le *sens* du monde. L'image du monde reste alors un élément constitutif de la conception du monde sans pouvoir en tenir lieu. Ainsi par exemple, d'un point de vue scientifique, on peut décrire une diversité d'images du monde, suivant qu'on le voit comme constitué de corps naturels composés de matière et de forme dont les mouvements sont relatifs à une théorie des lieux naturels, qu'on pense la nature comme un grand organisme vivant ou alors comme une machine etc. En cela la science contribue à la formation des images du monde, tout en économisant les thèses sur le sens ultime.

On reconnaîtra cependant qu'il n'est pas évident que la question du sens se laisse si facilement distinguer de l'image du monde. Prenons l'exemple d'une distinction entre deux images « scientifiques » du monde : l'image « géocentrique » et l'image « héliocentrique ». Toutes deux sont des façons d'unifier le cosmos : la première place la terre au centre fixe, la seconde considère le soleil comme centre. Or on sait à quel point ces images scientifiques, qui semblent ne présenter qu'une vision cohérente de la nature du cosmos, engagent des questions de sens, des questions sur le sens de la création, l'existence de Dieu, la situation de l'homme dans l'univers. C'est dire que l'attitude théorique elle-même est grosse de valorisations qui ne sont pas sans conséquence sur la pratique, c'est-à-dire ici sur ce que l'homme fait ou pense avoir le droit de faire dans le monde, en d'autres termes sur tout ce qui compose une *Weltanschauung*.

En cela Heidegger avait sans doute raison de revenir à une analyse précise du concept de monde qui, comme tel, ne s'ouvre qu'au *Dasein* et est même un moment constitutif de son être[1]. Les choses ne subsistent pas simplement là dans le monde, devant nous, elles se présentent d'abord à nous dans l'horizon de notre « souci », dans ce que nous pouvons en « faire ». L'horizon de nos intérêts et de nos « préoccupations » nous permet de constituer pratiquement le monde comme ce dans quoi nous nous orientons. Dans « Le temps de l'image du monde », Heidegger affirme que la philosophie moderne est caractérisée par une objectivation du monde et par la technique qui en est une conséquence pratique. C'est l'époque où la représentation objective du monde est entièrement soumise au modèle mathématique des sciences de la nature. En ce sens la production d'une image *philosophique* du monde à partir d'une image *scientifique* du monde est la caractéristique de l'époque moderne qui instaure en général la position du monde comme image[2]. Le monde est figé en image, dans une « représentation », où ce qui est devient accessible dans sa totalité. Pour qu'une telle représentation soit possible, il faut poser un sujet qui objective le monde, c'est-à-dire qui se situe par rapport à ce qui est de manière objective. C'est ainsi que Heidegger rattache l'apparition des images du monde à l'anthropologie

1. Heidegger, *Sein und Zeit*, 1re partie, 1re section, chap. 3, « La mondanéité du monde », Tübingen, Niemeyer, 1977.

2. Heidegger, « Le temps de l'image du monde », dans *Chemins qui ne mènent nulle part*, trad. fr. W. Brokmeier, J. Beaufret, Fr. Fédier et Fr. Vezin, Paris, Gallimard, 1980, p. 99 *sq*. Nous ne suivons pas ici les traducteurs qui rendent *Die Zeit des Weltbildes* par « L'époque des conceptions du monde ».

née au XVIIIe siècle : c'est à partir de l'homme qu'est expliquée la totalité de ce qui est. En effet, dès « que le monde devient une image, la position de l'homme se comprend comme *Weltan-schauung* »[1]. L'homme est celui qui donne un visage au monde à partir de sa perspective. C'est parce qu'il l'objective à partir d'un point de vue que la conception du monde produit une image du monde. On comprend alors comment les deux notions peuvent être conçues comme se recoupant : conception et image du monde s'opposent comme la force formatrice et le produit, l'image du monde présupposant une *Weltanschauung*.

Mais nous avons vu qu'une conception du monde ne se réduit pas à produire une « image du monde ». Cette dernière n'en est qu'un élément : qu'on la prenne pour la simple compréhension d'arrière-plan ou qu'on y voie une représentation formée par un sujet qui pose le monde en face de lui, cela ne fait pas encore une conception du monde. Car dans la *Weltanschauung* il y a tout autant la manière dont un sujet *se situe par rapport* à ce monde et le réinvestit, notamment par des évaluations, qu'elles soient héritées ou que le sujet en soit lui-même l'auteur. La conception du monde n'est pas une simple vision théorique de ce monde, mais une prise de position, ce que l'on peut appeler une attitude assumée à la première personne. Même Heidegger, qui affirme pourtant avec vigueur que la philosophie n'a pas à proclamer de conception du monde, voit dans toute conception du monde une relation intime avec la compréhension de l'être-au-monde du *Dasein*[2] : être-là et se comprendre dans le monde, comprendre

---

1. Heidegger, *Chemins qui ne mènent nulle part, op. cit.*, p. 122.

2. L'analyse la plus détaillée de la *Weltanschauung* chez Heidegger se trouve dans son cours d'introduction à la philosophie de 1928-1929 ; c'est ce cours que J. Wahl résume, à sa façon, dans ses leçons de 1946 intitulées *Introduction à la pensée de Heidegger* (Paris, Le Livre de poche, 1998).

l'ouverture au monde, c'est se comprendre non pas comme *ayant* une conception du monde, mais comme *étant* essentiellement « conception du monde », *Weltanschauung*, c'est-à-dire comme prenant position par rapport au monde. Ainsi la conception du monde est inhérente à un être qui « a » un monde dans la mesure où il a une façon de s'y tenir. Voilà pourquoi la structure de la conception du monde rattache l'« image du monde » à l'« expérience de la vie » dans un ensemble de pensées qui fixent la signification et le sens du monde et déterminent à partir de là les valeurs et les principes qui doivent conduire l'existence. La conception du monde n'est donc pas simplement une image théorique, mais se comprend au plan de la volonté qui se soumet finalement à des idées. C'est dire que le sens de la conception du monde déborde largement l'image qu'elle investit.

Dépassant l'image comme objectivation, la *Weltanschauung* est solidaire d'un rapport général au monde qui détermine la volonté conformément à un idéal de vie. On peut l'illustrer suivant l'exemple des analyses que Max Weber fait de certaines religions universelles, comme la religion chinoise, la religion hindoue et le judaïsme antique[1]. Les religions, dit Max Weber, prennent position par rapport à ce qui peut être ressenti comme absurde et injuste dans le réel. Elles réagissent ainsi à la perception d'un problème et répondent à la question du sens, d'un ordre du monde où se mêlent éthique, théologie, cosmologie, métaphysique. Or les solutions religieuses sont variables. Weber distingue deux stratégies fondamentales concernant l'intelligence de l'*ordre du monde* : soit, et c'est la perspective *théocentrique* développée

---

1. On trouvera une exposition synthétique des analyses sociologiques de la religion par M. Weber dans Habermas, *Théorie de l'agir communicationnel*, t. 1, *op. cit.*, en particulier p. 200-228, présentation que nous suivons ici.

en Occident, concevoir un dieu personnel créateur situé dans un au-delà; soit, c'est la perspective *cosmocentrique* développée en Orient, partir d'un cosmos impersonnel qui n'a pas été créé. D'un côté est affirmé un « Dieu de l'agir », représenté par Yahvé, de l'autre le « Dieu de l'ordre », représenté par Brahma. Or les attitudes à adopter dans le monde diffèrent suivant que l'on adopte l'une ou l'autre de ces compréhensions : l'homme se comprendra soit comme un « instrument de Dieu », soit comme « réceptacle du divin » et le croyant cherchera soit à gagner la grâce de Dieu, soit à participer au divin. Une telle distinction implique une différence dans les conceptions éthiques elles-mêmes : si la religion théocentrique fonde son espoir dans la grâce divine, la religiosité cosmocentrique conduit à concevoir l'autorédemption par le savoir du monde. Dans les deux cas on est en présence d'interprétations spéculatives du monde, dans sa réalité comme dans les normes de son action, mais d'interprétations divergentes : si d'un côté la grâce divine devient centrale, de l'autre c'est le cosmos lui-même ou l'être qui est l'essentiel. Une telle description de ces doctrines compréhensives du monde serait incomplète si l'on oubliait que ces attitudes religieuses impliquent une évaluation générale du monde, tant de la nature que de la société, c'est-à-dire répondent à la question de savoir s'il a en lui-même une valeur ou non, s'il faut le rejeter ou l'accepter. On conçoit aisément qu'une attitude de rejet n'est possible que sur le fond d'une structure dualiste de l'image du monde telle qu'on la trouve dans les religions du salut, qu'elles soient théocentriques ou cosmocentriques : soit dans l'opposition entre l'ici-bas et l'au-delà, l'ici-bas étant le champ de l'éphémère opposé au royaume du Dieu créateur, soit comme le monde de l'apparence phénoménale derrière lequel se tient l'authentique essence des choses. L'affirmation du monde se trouve en revanche dans les images magiques du monde ou dans celles qui les prolongent. Partant de ces éléments, on comprend comment une conception religieuse du monde peut avoir des conséquences au plan éthique de l'interaction avec le monde ou l'action dans le monde. L'une des solutions consiste par exemple à nier le monde, et les religions de la rédemption imaginent y parvenir par diverses voies. Le salut peut être atteint par une attitude de maîtrise ascétique du monde, comme en témoignent tant le moine chrétien que le puritain, ce dernier voyant dans la quête du bonheur terrestre le gage du salut éternel[1]. L'individu agit alors dans le monde comme instrument de Dieu. Mais le salut peut aussi être recherché par une attitude mystique qui se détourne du monde et conduit, comme dans l'hindouisme, à fuir le monde, à s'en retirer. N'entrons pas davantage dans le détail qui devrait également tenir compte de la dynamique qui régit ces mouvements, notamment en termes de « rationalisation » : ces exemples suffisent à comprendre que les conceptions du monde, ici des interprétations religieuses du monde, impliquent un ensemble complexe d'idées, de valeurs et d'intérêts qui donnent un sens à une compréhension globale du monde et de l'existence en déterminant la manière même d'y agir et d'y instaurer un ordre.

C'est dans le prolongement de ces analyses que Karl Jaspers a appelé *Weltanschauung* « tant l'existence factuelle de l'âme vue dans son ensemble que les doctrines rationnellement formées, les impératifs, les images objectives que le sujet énonce, applique et utilise pour se justifier ».[2] Plus précisément, une conception du monde, écrit-il,

---

1. Voir Ed. Leites, *La passion du bonheur. Conscience puritaine et sexualité moderne*, trad. fr. S. Courtine-Denamy, Paris, Cerf, 1988.

2. K. Jaspers, *Psychologie der Weltanschauungen*, München-Zürich, Piper, 1985, p. 36.

semble saisir le monde dans sa totalité, telle qu'elle se constitue dans son image (…). Elle comporte aussi (…) la manière dont l'individu évalue les choses, ce qui lui importe absolument, ce qui n'a pour lui qu'une importance relative, sa manière d'agir et de se comporter en conséquence. (…) Par le terme conception du monde nous désignons, en dernier lieu, notre attitude à l'égard de ce qui n'est plus monde, (…) le fondement de tout, (…) *la transcendance*. [1]

La conception du monde se porte ainsi à la fois vers une saisie du monde dans sa totalité, telle qu'elle se constitue dans son image, vers l'évaluation individuelle des choses, c'est-à-dire à travers les valeurs choisies qui permettent d'orienter l'action, et vers la saisie d'un sens ultime, c'est-à-dire qui donne sens au monde sans pouvoir être rencontré dans le monde. Les conceptions du monde trouvent alors un écho dans l'existence de l'homme dans le monde, puisqu'elles jouent le rôle de pensées ultimes pour s'orienter. En cela, elles sont éminemment « idéologiques », non seulement parce qu'elles soumettent l'existence à la logique de certaines idées, mais encore parce que ces idées sont l'expression, souvent inconsciente, de l'inscription matérielle, historique et sociale de l'homme dans le monde.

S'ORIENTER DANS LE MONDE

La *Weltanschauung* est une relation au monde comme totalité qui apparaît par elle comme structuré, stabilisé, valorisé et orienté. Tel est le cas, nous l'avons vu, des religions

---

1. K. Jaspers, *Philosophie. Orientation dans le monde. Eclairement de l'existence. Métaphysique,* trad. fr. J. Hersch, Paris-Berlin-Heidelberg-New York-Londres-Tokyo-Hong Kong, Springer, 1989, p. 186.

par exemple. C'est dans cette *puissance d'orientation* que la conception du monde peut être éprouvée par l'homme comme répondant à un besoin. La conception du monde n'est pas alors assimilable à une connaissance théorique apparemment désintéressée qui nous permettrait de connaître les causes ou les raisons qui nous font être tels que nous sommes comme elles font être toute chose dans la nature, mais à une doctrine compréhensive au sens où elle présente le *sens* de notre vie, c'est-à-dire la signification du moi dans le monde[1]. Si le sens est ce que l'on comprend, la conception du monde est une compréhension de soi de l'homme dans le monde. Il devient alors tout à fait légitime de définir la conception du monde comme une *interprétation* du monde par un sujet qui s'y trouve inévitablement situé, interprétation qui, se rapportant à la signification générale de l'existence humaine dans le monde, engage des règles de comportement dans la vie. Les conceptions du monde comme positions d'une compréhension servent de « mesure » à nos actions en leur donnant un sens relatif aux intérêts qui définissent nos perspectives.

Le besoin de conceptions du monde reconduit alors à une observation de facture tout à fait classique : le point de vue, le point fixe à partir duquel peut s'ouvrir une perspective est requis parce que l'homme se trouve jeté dans le monde sans

---

1. Comme nous l'avons signalé, nous empruntons l'expression à J. Rawls, *Libéralisme politique, op. cit.*, p. 37 *sq.*, 88 *sq.*, 217 *sq.*, qui définit une « doctrine compréhensive » à partir de trois caractéristiques : 1) relevant de la raison théorique, « elle organise et caractérise des valeurs reconnues afin de les rendre compatibles entre elles et pour qu'elles expriment une vision intelligible du monde » ; 2) en déterminant quelles sont les valeurs qu'il faut reconnaître, la doctrine compréhensive « est aussi un exercice de la raison pratique » ; 3) bien qu'elle soit essentiellement stable, elle « tend à évoluer lentement en fonction de ce qu'elle considère, de son point de vue, comme raisons valables et suffisantes » (p. 88 *sq.*).

« assise » ni « assiette », sans point d'appui ferme qui lui permettrait de réussir sa vie, c'est-à-dire de la conformer à quelque bien. Ce manque de point ferme se manifeste sur plusieurs plans. Il peut apparaître comme une absence ou une perte du sens dans le cadre général d'une culture, comme un déficit de légitimité des institutions sociales et politiques ou comme désorientation individuelle, l'homme se trouvant « perdu ». En situant l'homme dans le monde et en lui assignant sa place et sa fonction, la *Weltanschauung* fournit non seulement un tel appui, mais encore une structure d'intégration dans la totalité. C'est la raison pour laquelle les conceptions du monde ont si souvent été appréhendées comme des *refuges*, comme des *abris* qui garantissent à ceux qui y adhèrent la sécurité d'un monde harmonieux. Le besoin de conception du monde plonge en conséquence ses racines dans la peur face au monde, dans le sentiment de son étrangeté et de son hostilité. Si l'on reprend l'exemple des conceptions religieuses du monde, les analyses les plus répandues sur les religions voient dans la peur leur origine : d'Épicure à Feuerbach et Freud, elles montrent que leur fonction est la sécurité qui permet de transformer l'inquiétante étrangeté du monde que nous partageons avec les autres en confiante familiarité. Pascal, qui apportait une réponse religieuse à la question, ne disait pas autre chose. L'effroi du silence des mondes infinis est absence, absence de sens. L'homme sans site ne repose sur rien et est pris dans une infinie dérive. C'est alors pour « fixer le fini » qu'il s'élance à la conquête du point ferme à partir duquel il peut dresser le monde, point haut qui est « le véritable lieu ».

En procurant une « vue d'ensemble », la *Weltanschauung* assure l'*orientation*. Nous avons vu avec Wittgenstein que la « représentation synoptique » permet de voir les liaisons, les relations entre les éléments ou, lorsqu'ils sont absents, de les découvrir ou de les inventer. Voir des connexions, c'est là précisément ce que signifie s'orienter : pouvoir rattacher un élément à un autre et par là s'y retrouver. Comme toute interprétation permet de voir quelque chose *comme* quelque chose, la conception du monde permet de voir le monde *comme* monde qui tient son sens d'une totalité qui doit permettre d'interpréter tous les détails. Pour reprendre l'exemple avancé plus haut, soit nous voyons le monde *comme* créé par Dieu, soit *comme* cosmos, soit *comme* simple matière etc. Ce qui prime alors, c'est la totalité comme perspective qui imprègne l'intégralité des détails, sans avoir par ailleurs besoin de les préciser pour autant.

> Les conceptions du monde (*world views*), comme les portraits, sont des façons de « voir comme ». Nous avons une conception du monde quand nous réussissons à voir la somme totale des choses comme une chose ou comme une autre. Il est nécessaire, non que nous rendions compte de tous les items dans le monde individuellement, mais que nous rendions compte du tout en tant que totalité. Ainsi en un sens une conception du monde doit-elle tout embrasser, en un autre sens, non[1].

La compréhension du tout permet de trouver les éléments intermédiaires et de ne plus être arrêté ou inquiété par ce qu'on ne comprend pas.

En fixant un sens la *Weltanschauung* nous invite à tenir quelque chose pour vrai dans la durée. Dans une certaine durée tout au moins, car les conceptions du monde sont elles aussi soumises au changement, comme nous l'avons vu à propos de la langue. Elles participent à cette stabilisation que l'on attribue aux images qui donnent au monde des contours précis.

---

1. P. Burke, *Truth and Worldviews* (thèse 1976, p. 3), cité par Habermas dans *Théorie de l'agir communicationnel*, t. 1, *op. cit.*, p. 411 (trad. modifiée).

On comprend par conséquent facilement le reproche de dogmatisme adressé aux *Weltanschauungen*, puisque le rôle stabilisateur vient de ce que l'on fige ce que l'on tient pour vrai, beau et bien, ce qui conduit naturellement à affirmer ces conceptions contre d'autres, voire à les raidir en intransigeance. Cela d'autant plus lorsque les conceptions du monde sont partagées par un groupe pour lequel elles légitiment une domination fondée sur la validité reconnue de normes d'action. C'est sur ces dernières que s'appuie à son tour l'autorité morale qui permet de fonder la justification d'un ordre politique et les fondements institutionnels d'une organisation sociale [1].

Se placer sous des idées

Nous avions vu, partant du concept lui-même, que la *Weltanschauung* comme intuition d'un monde est par principe impossible. Le monde n'est aucunement un concept auquel une intuition pourrait correspondre : il n'est qu'une idée. Pourquoi élaborons-nous alors malgré cela de telles conceptions ? Pour le comprendre, il faut rappeler le statut des idées chez Kant.

Ne sachant ce qu'il en est du monde tel qu'il est en lui-même, Kant voit l'homme condamné à en prendre connaissance dans l'opposition entre le sujet et l'objet. N'est pour nous « objet » que le matériau informé par les formes *a priori* de la sensibilité et les catégories ou concepts purs de l'entendement, ce qui nous condamne, comme sujets, à rester dans le fini. Nous ne connaissons donc pas absolument, mais nous déterminons ce qui nous apparaît. Or partout, tant face au

---

1. La puissance de légitimation des conceptions religieuses et métaphysiques du monde a été clairement dégagée par M. Weber (voir *Économie et société*, t. 1, trad. fr. E. de Dampierre (dir.), Paris, Plon, 1977).

monde qu'au regard de chacune de ses parties, la raison, nous dit Kant, exige l'achèvement du processus de détermination, c'est-à-dire requiert l'établissement d'une totalité. Une telle totalité ne peut jamais nous être donnée dans l'intuition et il ne saurait par suite y en avoir de concept. C'est pourquoi Kant lui réserve le nom d'« idée », l'idée étant ce qui permet de ranger la multiplicité sous une unité pour former un système. Mais si la totalité que l'idée présente ne saurait jamais être donnée de manière empirique, elle représente cependant par anticipation une totalité absolue. Aussi l'idée indique-t-elle à l'entendement quelle orientation donner à son travail de synthèse du divers sans pour autant s'appliquer directement à l'intuition empirique. Les idées, imposées par la raison elle-même en vertu de sa nature, correspondent donc au concept absolument achevé de la totalité des conditions d'un conditionné donné et nous procurent la représentation conceptuelle de la totalité absolue comme fondement de la synthèse du conditionné [1]. Dans ce mouvement de dépassement du travail analytique de l'entendement, la raison est donc dans son droit, puisqu'elle donne à nos connaissances une unité ultime. Kant distingue trois classes d'idées suivant l'unité qu'elles rendent possible : l'âme, qui rend possible l'unité inconditionnée du sujet pensant, le monde, qui rend possible l'unité inconditionnée des conditions des phénomènes, et Dieu, qui rend possible l'unité absolue de la condition de tous les objets de la pensée. Le monde est donc l'idée de la totalité des phénomènes ou de tous les objets de l'expérience possible :

> Je nomme toutes les idées transcendantales, dans la mesure où elles concernent la totalité absolue dans la synthèse des *phénomènes*, des *concepts de monde* (*Weltbegriffe*), en partie à

---

1. Kant, *Critique de la raison pure*, *op. cit.*, A 322/B 379.

cause précisément de cette totalité inconditionnée sur laquelle repose lui aussi le concept de la totalité-du-monde (*Weltganzes*), totalité qui n'est elle-même qu'une idée, (…) parce qu'elles visent purement et simplement la synthèse des phénomènes et débouchent par conséquent sur la synthèse empirique (…)[1].

Quant à la *réalisation* d'une telle idée, elle impliquerait que l'on puisse rassembler tous les points de vue. Cela ne serait possible qu'en un point de vue de nulle part qui, pour nous autres hommes, est inaccessible. Le « monde » ne désigne donc pas un concept en soi mais, comme nous l'avions vu, se rapporte aux phénomènes dont il est le corrélat dans le cadre de la recherche de l'unité des conditions de la synthèse. Les idées cosmologiques sont par conséquent des mises en ordre du monde *relativement* aux phénomènes.

Il en résulte que jamais nous ne pouvons connaître ces idées que pourtant nous pensons. C'est pourquoi objectivement elles ne nous permettent que de *nommer des orientations* : ne pouvant être des objets en tant que totalités, ni le monde, ni l'âme, ni Dieu ne sont donnés. Ils sont visés. Mais bien qu'objectivement insaisissables, ces idées permettent par leur *effet* dans la connaissance systématique, dans l'action ou dans la création artistique, de donner un contenu et surtout un *sens*. C'est ainsi que si d'un point de vue logique l'idée ne fait qu'indiquer une orientation à titre de principe régulateur, on peut en faire l'« expérience vécue » comme force psychologique, comme le fait remarquer Jaspers qui trouve là l'une de ses principales sources d'inspiration[2]. Car l'« idée au sens kantien » n'est pas seulement le tracé d'une orientation de la pensée, elle est encore le mouvement même qui pousse vers

---

1. Kant, *Critique de la raison pure*, *op. cit.*, A 407 *sq.*/B 434 *sq.*
2. K. Jaspers, *Psychologie der Weltanschauungen*, *op. cit.*, p. 450.

l'idée, l'impulsion, autrement dit à la fois la motivation et l'élan. C'est alors que l'on peut dire que les idées, inaccessibles à l'entendement, ne peuvent pas être appréhendées autrement que par le fait de vivre en elles, c'est-à-dire d'être animé par elles. On fait donc, dans la pratique, l'expérience d'une orientation vers la totalité, l'expérience de quelque chose qui dépasse l'expérience. C'est pourquoi il faut ajouter aux idées théoriques les idées pratiques, qui conduisent aux « idéaux », « unique[s] mesure[s] de nos actions »[1] qui nous servent de modèles. Pour analyser le concept de *Weltanschauung* nous sommes alors naturellement conduits à préciser la notion kantienne d'« idéal »[2].

Le « monde » est chez Kant une « idée » qui ne se comprend qu'en rapport avec l'homme. Nous avions vu en effet que, puisque le monde est l'idée à laquelle l'être fini recourt pour penser une totalité des phénomènes, il appartient en propre au rapport à ce qui est pour un être qui n'est pas lui-même Dieu, c'est-à-dire pour un être qui ne transcende pas les phénomènes. Le monde défini comme une totalité inconditionnée par rapport aux phénomènes se distingue d'une totalité inconditionnée qui ne se limiterait pas aux phénomènes mais serait saisie, comme nous l'avons vu, par l'intuition originaire d'un intellect de type divin, « archétypique ». Cette idée présente dans l'intuition originaire, l'idée entièrement déterminée, serait la *réalisation* de ce qui n'est pour l'homme fini qu'une « idée » visée. C'est là ce que l'on nomme un « idéal ». Bien que simplement pensé, un tel idéal n'est pas néant puisqu'il a « une force pratique » dans la mesure où l'on se

---

1. Kant, *Critique de la raison pure*, *op. cit.*, B 597/598.
2. *Ibid.*, A 569/B 597.

règle sur lui pour «évaluer et mesurer» [1], comme nous le faisons dans notre dimension de finitude.

Partant de ces analyses, on comprend le nécessaire dépassement des idées par l'idéal dans le cadre de la recherche d'une détermination intégrale de nos connaissances : le monde comme *idée* doit être intégré à ce que Kant appelle l'«idéal transcendantal», qui est une interprétation du concept de Dieu par rapport à la possibilité de la connaissance des choses en soi dans leur totalité et non plus simplement par rapport à la connaissance de la totalité des phénomènes. C'est prise dans le processus de connaissance que la raison est conduite à poser l'idéal qui permet de penser l'intégrale détermination de l'idée. Par sa nature même la raison se place ainsi sous des idées.

Cette position d'un idéal, comme corrélat de l'intelligibilité de ce qui se présente, donne pour une bonne part la structure générale de l'édification des conceptions du monde. Elle montre en effet comment on passe de l'intuition finie à la position d'une *Weltanschauung* comme idéal. On peut en déduire que comme les idées transformées en idéal, les conceptions du monde assument une triple fonction : 1) elles apparaissent comme des *conditions de possibilité* de l'établissement du savoir. 2) Elles motivent l'*élan* vers le savoir et en animent l'active recherche parce qu'elles en anticipent l'intégrale détermination. 3) Servant ainsi de fil directeur, elles rendent possible une *orientation* dans le monde et donnent un sens, c'est-à-dire produisent un effet d'intelligibilité. De ce dernier point de vue, elles trouvent une réinscription pratique dans le réel.

---

1. Kant, *Critique de la raison pure*, *op. cit.*, A 569/B 597-598.

Les conceptions du monde et l'existence

Si nous abordons maintenant la perspective explicative qui rend compte des conceptions du monde à partir de l'expérience vécue, l'approche est différente puisque les idées qui rendent possible la synthèse de la *Weltanschauung* sont rapportées à leur genèse sensible. L'exemple d'une telle analyse est fourni par Dilthey, que nous pouvons présenter d'autant plus rapidement que nous y reviendrons dans notre commentaire de texte. Au lieu de poser les idées comme conditions ultimes de la pensée, Dilthey veut les comprendre à partir de leur réinscription dans l'étoffe même du réel, c'est-à-dire à partir de l'expérience vécue (*Erlebnis*) et en dernier ressort à partir de la vie elle-même. C'est en cela que dans son élaboration d'une « théorie des conceptions du monde »[1], les idées sont transformées en « concepts vitaux » ou en « catégories de la vie ». Ces dernières ont comme les catégories kantiennes ou aristotéliciennes une fonction d'unification, mais ne sont plus fondées dans la raison : c'est enracinées dans la vie elle-même qu'elles en assurent la représentation cohérente.

Prenons pour exemple la catégorie de la « causalité ». On sait que Hume attribue la causalité à une simple habitude prise dans l'observation d'une succession qui, n'étant pas dans les choses, relève d'une illusion de la subjectivité et que Kant range la causalité parmi les catégories de la relation, les catégories étant des concepts purs de l'entendement, des principes d'organisation synthétique du donné dont nous ne savons pas pourquoi nous les avons mais qui rendent possible notre

---

1. Voir W. Dilthey, « L'essence de la philosophie », dans *Le Monde de l'esprit*, t. 1, trad. fr. M. Rémy, Paris, Aubier, 1947, en particulier p. 371-415, ainsi que les textes réunis dans la *Théorie des conceptions du monde*, trad. fr. L. Sauzin, Paris, PUF, 1946. Voir plus bas le texte commenté, p. 83-88.

pensée du réel. Dilthey en revanche veut voir dans la causalité une catégorie réelle qui s'inscrit dans la connexion de la vie (*Lebenszusammenhang*). Dans la vie, cette catégorie se comprend dans la réciprocité de l'action et de la passion, de l'agir et du pâtir, dont la formule de la causalité est une abstraction[1]. Car c'est dans la vie elle-même qu'une action appelle une réaction, tout corps vivant, aussi simple soit-il, étant en échange avec son milieu. Cette action réciproque dont on fait l'expérience est vécue par les organismes conscients comme distinction entre l'action et la passion : l'unité vivante vit dans la conscience de sa propre vitalité et attribue la passivité à ce qui n'est pas elle. Sauf en cas de résistance, qui pousse à attribuer la vitalité et l'action à ce qui résiste et réagit. C'est là, dit Dilthey, le début d'une série de transformations à la fois psychologiques, partant du rapport de l'enfant à autrui et aux choses, et historiques, qui conduisent de la pensée magique à la science et aboutissent au *principe de causalité* suivant lequel tout ce qui arrive suppose quelque chose à quoi il succède suivant une règle. L'apparition d'un tel principe à partir de l'expérience vécue transforme notre appréhension de l'univers et notre action en lui. Une telle catégorie réelle exprime donc l'expérience que nous faisons de la vie, c'est-à-dire notre rapport, en tant que nous sommes une unité vitale, aux autres unités vitales et aux objets. Trouvant leur dernier fondement dans la connexion de la vie, ces catégories sont insondables et incompréhensibles pour l'entendement.

Dans la connexion de la vie elle-même confrontée à l'énigme du monde se dégagent donc des catégories comme celles d'«être», de «cause», de «valeur», de «fin». Elles deviennent pour nous les instruments de la compréhension de

1. Voir W. Dilthey, «Leben und Erkennen», dans *Das Wesen der Philosophie*, Stuttgart, Reclam, 1984, p. 183-191.

la réalité et de l'articulation des discours sur le réel. Elle tiennent à des types de comportement à l'égard du réel : 1) en matière de connaissance du réel, on pense en termes de relations de causalité ; 2) l'expérience psychologique de la valeur, du sens et de la signifiance (*Bedeutsamkeit*) nous dit la signification et l'importance des choses ; 3) enfin, c'est dans le comportement volontaire que l'action pose une fin et la volonté des règles. Et à chaque fois que prime l'une de ces catégories, nous avons une autre *conception* du monde qui ne se limite pas à une approche théorique, mais inclut une dimension pratique. Ainsi, pour prendre quelques exemples de conceptions philosophiques du monde évoquées par Dilthey, lorsque nous connaissons le monde à partir de la seule expérience, par application exclusive de la catégorie de la *causalité*, nous faisons abstraction des fins et des valeurs, ce qui conduit à une conception physique du monde. Une telle conception scientifique a des conséquences pratiques et morales, puisqu'elle conduit à expliquer le champ moral à partir de déterminations naturelles, à partir des passions, des besoins etc. Ce qui conduit par exemple à des conceptions naturalistes et matérialistes, voire à des conceptions positivistes du monde. La *Weltanschauung* peut en revanche être déterminée par la seule « vie affective », celle qui s'attache aux *valeurs* ressenties des choses et de la vie, au sens du monde. La réalité apparaît alors comme l'expression d'une intériorité et l'on débouche sur une espèce de panthéisme où chaque chose singulière reflète en son lieu l'univers entier, où chaque partie tient sa *signification* du tout et inversement. Lorsque enfin on estime que c'est la *volonté* qui détermine tout, l'esprit affirme qu'il est indépendant de la nature, renvoyant ainsi soit à une personne divine lorsque cette indépendance est pensée comme transcendance, soit à l'individu autonome lorsqu'elle est pensée comme immanente.

> Chacune de ces *Weltanschauungen* contient, dans la sphère de la connaissance objective, une combinaison d'intelligence du monde, d'appréciation de la vie et de principes d'action; chacune d'elles tient sa puissance de ce qu'elle donne une unité intime à la personnalité au milieu de ses diverses fonctions; et chacune tire sa force d'attraction et la possibilité qu'elle a de se développer logiquement du fait qu'elle rend la vie, susceptible de tant d'interprétations, intelligible en s'appuyant sur un de nos modes de comportement et sur les lois qu'il implique [1].

On le voit: les doctrines compréhensives du monde prennent leur source dans la vie elle-même, dans les attitudes premières qu'on y adopte, et combinent des éléments théoriques, affectifs et pratiques, c'est-à-dire la *pensée*, le *sentiment* et la *volonté*. Plongées dans la vie, on aboutit à la célèbre thèse de Dilthey suivant laquelle c'est « la vie qui s'interprète elle-même » en débouchant naturellement sur des conceptions du monde. C'est en cela que, confronté à l'« énigme de la vie et du monde », « s'élèvent des interprétations », les « conceptions du monde » qui sont les lieux toujours partiels d'une intelligence de la vie à partir de la vie elle-même. Mais tout en étant partielles, comme on vient de le voir, certaines attitudes typiques semblent se dessiner. Ce sont elles qui conduiront à une typologie sur laquelle nous reviendrons dans notre commentaire.

Inscrite dans le réel, la variété des conceptions du monde a donc pu être rapportée à des facteurs externes. Weber les approchait ainsi dans son explication sociologique et c'est à sa suite que Karl Jaspers a développé sa « psychologie » des conceptions du monde [2]. À titre d'exemple, retenons les grandes lignes de son approche dans la mesure où une telle

---

1. W. Dilthey, « L'essence de la philosophie », dans *Le Monde de l'esprit*, t. 1, *op. cit.*, p. 403.

2. K. Jaspers, *Psychologie der Weltanschauungen*, *op. cit.*

psychologie cherche elle aussi à expliquer les conceptions du monde à partir du besoin d'orientation dans le monde dans lequel nous sommes jetés. Pour la philosophie de l'existence de Jaspers, le *monde* n'offre pas de prise. Il n'est en effet pas un objet. Nous sommes *en lui* et ne faisons qu'y élargir les horizons que nous explorons : le monde est l'inexplicable dans lequel l'homme rend compte d'une chose par une autre et cela indéfiniment. Dans ce cadre s'élaborent les conceptions du monde qui amalgament raisons et valeurs, sentiments et images qui caractérisent des *postures* dans le monde. Voilà pourquoi une *Weltanschauung* se traduit subjectivement par une *attitude* à l'égard du monde et objectivement par une *image* du monde. L'attitude donne la disposition particulière du sujet dans le monde, c'est-à-dire la manière dont il est « réglé » sur le monde, accordé au monde, à savoir l'« état d'esprit » dans lequel il l'envisage. C'est ainsi qu'on peut opposer par exemple, comme on le fait classiquement, une « vie active » à une « vie contemplative », c'est-à-dire une vie qui se dirige activement vers le monde où l'on cherche à dominer, à s'approprier, à créer, à l'inverse d'une vie qui s'y oriente contemplativement par une vision plus intuitive, qu'elle soit esthétique ou rationnelle. À ces *attitudes subjectives* correspondent les *expressions objectives* que sont les images du monde, à la fois sensibles et intellectuelles. Ces images servent d'abri, assurant à l'homme son point d'appui et par suite son maintien dans le fini. Ces *représentations du monde*, qui mêlent le *monde vécu*, où l'image est pour l'essentiel inconsciente mais détermine sentiments et valeurs, le *monde objectivé*, conscient, que l'homme pose par le travail de l'interprétation, et la cristallisation de ces images du monde dans des *structures* qui ne sont plus investies par la conscience, s'achèvent dans des *conceptions du monde*.

Puisque l'expression objective dans l'image du monde est l'expression d'un sujet, l'étude des conceptions du monde doit permettre de revenir à ce dernier. Il faut en effet penser ensemble le sujet et son expression, c'est-à-dire l'unité de « la vie de l'esprit ». Car ce n'est que dans une telle connexion que se comprend le problème de l'évaluation, des valeurs, de leur classification et collision, problème qui force l'homme dans certaines situations à affirmer certaines d'entre elles et à en nier d'autres. Plus précisément ce sont certaines situations qui permettent de poser dans sa radicalité la question du sens et déterminent des « types d'esprit » et leur manière de concevoir le monde. Les types d'esprit se définissent en effet suivant la façon dont ils parviennent à se maintenir dans le monde, c'est-à-dire à supporter ce que Jaspers appelle les situations-limites (*Grenzsituationen*) fondamentales où il faut affronter le « combat », la « mort », le « hasard », la « faute », qui sont au cœur de toute existence. Ces situations extrêmes ne font quasiment jamais partie de notre expérience tant elles sont insupportables et nous trouvons le plus souvent dans la vie quotidienne des appuis qui nous permettent de les esquiver. Touchant l'homme comme être fini, elles sont cependant à la fois universelles, parce qu'elles touchent tous les hommes, et absolument singulières, parce qu'il n'y a face à elles aucune autre ressource que celle que l'on peut puiser dans l'individu. Dans ces situations toutes les valeurs sont remises en question face à la « destruction » et nous y faisons l'expérience des limites de notre existence. C'est alors que doivent se prendre les décisions responsables. Si toute vie implique donc un « appui » dans ces situations, c'est le *genre* de cet appui, c'est-à-dire la façon dont il se conquiert et dont il est défendu qui exprime la nature des forces qui habitent les hommes et qui détermine leur « type d'esprit ». En effet, chacune de ces situations qui nous confronte à la destruction au plan de l'existence peut être comprise au plan rationnel par la contradiction : la mort est la contradiction de la vie, le hasard la contradiction de la nécessité et du sens etc. Ainsi les situations-limites révèlent la « *structure antinomique* de l'existence »[1]. Les antinomies sont des oppositions logiques, réelles ou touchant des valeurs, lorsqu'elles sont « placées du point de vue de l'absolu ou de la valeur »[2]. C'est pourquoi il faut nécessairement choisir, les situations antinomiques appelant des réponses, des réactions de la part du sujet : soit l'homme est détruit, soit il s'arrange de compromis d'apparence et esquive les antinomies, soit à l'inverse il puise sa force dans l'antinomie même. Par ces réponses actives les situations-limites engendrent aussi des passions qui s'expriment sous la forme de « tonalités affectives » (*Stimmungen*), comme par exemple, nous l'évoquions, l'optimisme et le pessimisme. Ainsi l'*optimiste* est-il prêt à prendre sur lui les valeurs négatives, alors que le *pessimiste* à l'inverse dénigre les valeurs positives. De telles tonalités affectives conditionnent l'interprétation du monde, c'est-à-dire en dernier ressort les *Weltanschauungen*. On peut dire en effet que lorsque l'homme ne trouve aucun appui pour sa vie, lorsque le sens et les valeurs ne lui apparaissent pas, nous avons affaire à un type d'esprit *sceptique* ou même *nihiliste* et à une conception du monde correspondante. Lorsqu'un appui est trouvé dans des formes délimitées qui constituent des abris, les conceptions du monde se règlent sur des théories ou institutions dogmatiques qui sont tenues pour vraies sans être remises en question. Ces abris procurent une image close du monde et des règles pour la conduite de la vie. Ce type d'esprit sait « que cela est et que le monde et la vie sont ainsi »[3]. À titre

1. K. Jaspers, *Psychologie der Weltanschauungen*, *op. cit.*, p. 232.
2. *Ibid.*
3. *Ibid.*, p. 308.

d'exemple Jaspers présente le processus fondamental du « rationalisme » et tout son travail de *rationalisation* de l'existence incluant la prétention de la philosophie à la scientificité, c'est-à-dire à des connaissances universelles et des orientations universelles dirigeant l'action. La rationalisation qui permet d'édifier de telles théories et pratiques protectrices est cependant toujours exposée et confrontée à la vie dans sa complexité qui dissout les assurances les plus fermes. Il n'en demeure pas moins que nos conceptions du monde relèvent en bonne partie de ces abris et structures ou échafaudages qui soutiennent notre monde et dans lesquels nous avons été élevés et informés. Un dernier « type d'esprit » trouve, suivant Jaspers, sa « prise » dans l'*infini*. L'esprit y est pris dans son infinité, dans son élan vers l'absolu, permettant de comprendre les conceptions du monde comme figures de synthèses ultimes. Sans entrer dans le détail d'une classification souvent fort descriptive, retenons que les *Weltanschauungen* sont des interprétations complexes faisant droit à une diversité d'éléments qui pour une part nous sont transmis, pour une part résultent de notre propre travail d'interprétation. En cela elles connaissent des nuances infinies, s'étendant des vues plus *individuelles* aux vues les plus *générales*. Leur finalité est de donner prise dans le monde : elles éclairent orientent, par le truchement de l'interprétation, l'existence dans le monde.

LA CRITIQUE DES CONCEPTIONS DU MONDE

Nous avons vu qu'en mêlant des éléments divers, des sentiments, des pensées, des évaluations, les conceptions du monde qui nous disent à la fois ce qu'il en est du monde et ce que nous devons y faire sont en dernier ressort fondées sur des éléments subjectifs qui échappent à toute justification argumentée. Une *Weltanschauung* ne saurait donc être ni vraie ni fausse, c'est-à-dire se soumettre à des critères de vérification ou de falsification et ne saurait par conséquent jamais être validée. Certes, les conceptions sont vécues comme acceptables lorsqu'elles apparaissent comme des expressions sincères de convictions vécues et c'est pourquoi Dilthey ou Jaspers les avaient prises au sérieux en tant qu'expressions de la vie, qu'elles soient poétiques, religieuses ou métaphysiques. Mais par elles-mêmes, étant tributaires de la variété des situations qui les ont vu naître, des traditions, des convictions, des croyances comme des intérêts qui les guident, elles représentent un danger parce qu'elles semblent donner une légitimité à quelque chose qui échappe par nature au discours rationnel.

C'est pourquoi, nous le disions en introduction, la notion de *Weltanschauung* est soumise à la critique de la part de tous ceux qui en appellent à la réflexion. Cette critique est toujours d'autant plus virulente du côté philosophique que le philosophe lui aussi cherche à comprendre le monde dans l'unité d'un sens, raison pour laquelle la tentation est grande d'assimiler philosophie et *Weltanschauung*[1]. C'est que les conceptions du monde relèvent d'un mouvement que la philosophie avait toujours connu comme l'habitant intimement, à savoir l'élan vers la connaissance, vers la science comme sagesse à la fois pratique et théorique. Mais la sagesse visée par la

1. Comme le dit un ferme adversaire de la philosophie comme *Weltanschauung*, H. Rickert : « Il ne s'agit pas de contester que la philosophie doit rechercher la totalité pour parvenir finalement à ce que nous appelons, d'un terme peu parlant mais difficilement évitable, *Weltanschauung*. Seule *la* science qui se pose la tâche de connaissance la plus englobante qui se puisse penser mérite d'être appelée philosophie » (« Vom Begriff der Philosophie », dans H. Rickert, *Philosophische Aufsätze*, Tübingen, Mohr, 1999, p. 3. Dans le même volume, on lira la belle analyse « Wissenschaftliche Philosophie und Weltanschauung », p. 325-346).

philosophie veut être « scientifique », c'est-à-dire se caractérise non pas tant par la totalité qu'elle établit que par la *manière* dont elle l'établit. La sagesse visée est un savoir ou une science du monde, la *Weltweisheit*, la « sagesse du monde », comme on désignait la philosophie en Allemagne après Christian Wolff. Cette *Weltweisheit*, décalque allemand de la *sapientia mundi* ou de la « connaissance de toutes les choses », s'oppose à la *Weltanschauung* : comme connaissance elle est capable de rendre raison et ne se contente pas du sentiment ou de l'intuition, comme la *Weltanschauung*. C'est que ce n'est pas l'affaire de tout le monde de philosopher scientifiquement. En vérité l'homme qui veut et qui sent, l'homme qui n'est pas théorique ne parvient pas à la totalité du monde ; ses intérêts le limitent à l'une ou à l'autre des parties du monde et il veut juger du tout à partir de là. L'unilatéralité est alors inévitable. C'est en se dégageant des intérêts que le tout devient davantage accessible, or c'est un tel détachement que n'opèrent pas les conceptions du monde. Si donc on peut reconnaître aux conceptions du monde une légitimité relative en tant que vues partielles, c'est-à-dire en tant qu'objectivations partielles de l'esprit, même lorsqu'elles sont intolérantes les unes à l'égard des autres, on est conduit en même temps à récuser et donc à critiquer leur prétention à la validité pour tous.

Dit autrement : dans leur prétention à dire vrai, les conceptions du monde n'ont pas une facture philosophique ou scientifique fondée sur la recherche coopérative de la vérité. Car s'il est vrai que dans la *Weltanschauung* « les questions que posent la signification et le sens du monde reçoivent une réponse en fonction d'une certaine idée que l'on s'en fait et dont on tire l'idéal, le bien suprême et les suprêmes principes directeurs de la vie »[1], cette structure est de type théologique dans la mesure où le principe suprême de l'être donne aussi les valeurs. Aussi bien est-ce au nom de la scientificité que les théories les plus diverses refusent d'être assimilées à des conceptions du monde. Si on prend quelques exemples célèbres : Freud refuse que l'on considère la psychanalyse comme une *Weltanschauung*, Horkheimer réfute l'assimilation du matérialisme à une conception du monde parce que « le principe qu'elle pose comme étant la réalité ne se prête pas à la déduction d'une norme quelconque »[2], Husserl et à sa suite Heidegger opposent la *Weltanschauung* à la science rigoureuse que sera la phénoménologie etc. De ce point de vue la critique se comprend facilement : s'il n'y a aucune peine à accepter la diversité des conceptions du monde ni leur prétention à organiser la vie, elles deviennent critiquables dès qu'elles revendiquent détenir la seule conception valide, c'est-à-dire prétendent à l'universalité réservée à la science.

Les *Weltanschauungen* ne sont donc pas vraies. Leur sens ou leur relative légitimité tient à autre chose. Les conceptions du monde proviennent de l'expérience individuelle et collective et nous sont transmises par des œuvres, des valeurs, des savoirs et des expériences qui nous forment en nous instruisant sur le plan pratique. En se développant, ces conceptions prennent une forme plus générale pour permettre, à titre de *Weltanschauung*, une réponse *aussi parfaite que possible* aux questions et problèmes de la vie et du monde, c'est-à-dire une réponse adaptée aux intérêts en jeu. C'est de leur réponse à des besoins pratiques qu'elles tiennent leur légitimité relative :

1. W. Dilthey, *Théorie des conceptions du monde, op. cit.*, p. 104.

2. M. Horkheimer, « Matérialisme et métaphysique », dans *Théorie traditionnelle et théorie critique*, trad. fr. Cl. Maillard et S. Müller, Paris, Gallimard, 1974, p. 104.

dans l'urgence de l'action, on ne peut pas attendre de savoir ce qui est vrai et bien, il faut se fier à des convictions sur ce qu'il en est du monde et ce qu'il convient d'y faire. Les « actions de la vie ne souffrant souvent aucun délai »[1], les *Weltanschauungen* sont exigées par l'urgence et s'opposent à ce qui se fait *sub specie aeterni*, comme la science ou la philosophie qui ont pour elles le temps, tout le temps. On peut ici emprunter l'image dont use Descartes pour convaincre de la nécessité d'adopter une morale provisoire : comme les voyageurs perdus dans la forêt qui, ayant fixé une orientation qu'ils savent provisoire, peuvent en sortir pour se trouver « quelque part où vraisemblablement ils seront mieux »[2], adopter une conception du monde, même si elle n'est pas vraie, permet de s'orienter et donc d'être « mieux ». C'est là son rôle existentiel. C'est parce que la science ne suffit souvent pas pour déchiffrer l'énigme du monde et adopter une attitude que la finitude de la vie appelle avec insistance que l'on se rabat sur les *Weltanschauungen* qui donnent des normes, provisoires certes, mais existantes. On sait que l'on peut de la sorte interpréter à partir de leur fonction d'orientation les religions, les idéologies, les métaphysiques…

Cet argument qui fait de la conception du monde une réponse à un problème d'orientation dans le monde a été critiqué par Husserl dans un article célèbre[3]. L'absence de critère permettant de juger de la validité des conceptions du monde engendre en effet inévitablement le conflit des conceptions

1. Descartes, *Discours de la méthode*, Paris, Vrin, 1939, troisième partie, p. 24-25.

2. *Ibid.*

3. Husserl, *La Philosophie comme science rigoureuse*, trad. fr. M. de Launay, Paris, PUF, 1989 ; voir en particulier le chapitre « Historicisme et philosophie comme "conception du monde" », p. 61-80.

concurrentes. Alors, au lieu de se trouver apaisé, l'homme qui cherchait à s'orienter est, au regard de leur diversité et en l'absence de justification, plus perdu que jamais. La détresse au regard de l'action qui exigeait des réponses pressantes et semblait légitimer l'adoption d'une conception du monde débouche suivant Husserl sur une misère plus grande encore que celle qu'elle visait à dépasser, puisque l'adoption d'une *Weltanschauung* est par elle-même génératrice de conflits avec d'autres conceptions. Car la conception du monde, partielle, pour orienter affirme par nature sa validité universelle alors même que cette prétention est problématique. Voilà qui permet de conclure que le salut viendra à l'inverse de la prétention scientifique universelle qui seule est en mesure d'apprécier légitimement les prétentions à validité. En l'attente de cette vérité, les conceptions du monde condamnent au plus étroit et inquiétant des communautarismes :

> L'homme n'est capable que d'une chose : gagner, à partir de l'endroit où il est, de ses horizons de connaissance et de sentiment, une sorte de pressentiment – où il peut donner forme à des cheminements de foi, lesquels, en tant que conception du monde propre à lui, lui fournissent une évidence personnelle quant au pressentiment et quant à la norme de l'action sous la direction d'un absolu auquel il croit sur le mode du pressentiment. Un tel comportement donne aussi aux groupes d'hommes qui ont une orientation originelle similaire quelque chose comme une façon de se comprendre entre eux et de s'entretenir communautairement [1].

---

1. Husserl, *La Crise des sciences européennes et la phénoménologie transcendantale*, trad. fr. G. Granel, Paris, Gallimard, 1976, p. 564.

Tolérer ou dépasser les conceptions du monde ?

Si les conceptions du monde se définissent par un mouvement de compréhension globale permettant de constituer le monde et de s'y orienter pratiquement et qu'elles débouchent sur des prétentions au monopole de l'interprétation, ne sont-elles pas condamnées, comme nous venons de le voir, au repli sur soi et au conflit avec les autres ?

Si le *fait* de la pluralité des conceptions du monde ne saurait être contesté, l'interprétation pessimiste de Husserl n'est néanmoins que partielle. Elle est partielle parce que les conceptions du monde, comme amalgames hétérogènes, ne peuvent pas être réduites à des entités closes qui s'opposent radicalement dans leur différence. Une telle approche conduit bien vite à précipiter une grossière opposition entre cultures conduisant au « choc des civilisations », idée dont on ne saurait assez dire les désastres simplificateurs dans les discours politiques démagogiques. Car en effet, les conceptions du monde sont elles-mêmes des résultats complexes d'éléments d'origines hétérogènes et l'on ne saurait réduire les cultures ou civilisations à certains de leurs aspects. Ainsi est-il difficile de parler par exemple d'une conception occidentale du monde. Dans ce qu'on appelle l'Occident on voit en effet à travers les échanges, les traductions etc., s'affronter et composer les apports culturels grec, latin et hébraïque, ceux aussi de l'Orient auquel nous devons maints commencements de nos arts et sciences[1]. De même nous voyons composer et s'affronter les époques, le Moyen Âge à la Renaissance ou à la Réforme, le Romantisme aux Lumières etc. À chaque fois, un ensemble culturel, dans la complexité de sa constitution,

1. On en percevra la complexité en lisant, par exemple, R. Brague, *Europe, la voie romaine*, Paris, Gallimard, 1999.

à travers ses transmissions et appropriations, connaît *à partir de lui-même* un ébranlement et une révision de la *Weltanschauung*.

En réalité c'est aussi au sein même des cultures que surgissent des interprétations divergentes, que des valeurs s'opposent, c'est au cœur d'un même groupe que des conflits opposent les individus : certaines valeurs partagées n'impliquent pas le partage de la totalité des valeurs, puisque le même individu appartient simultanément à plusieurs groupes. Même au sein d'un groupe, les croyances varient : les enfants deviennent adultes, élevés dans une religion, ils peuvent ne plus adhérer aux dogmes constitutifs, d'autres se laissent persuader par des articles de foi etc. Du coup, il est difficile pour les conceptions du monde de se refermer véritablement et les fanatismes qui préconisent un tel verrouillage se voient le plus souvent condamnés à recourir au despotisme, c'est-à-dire à se maintenir par la force.

Il ne faut donc sans doute pas assimiler trop vite l'élan vers la totalisation et le totalitarisme qui conduit une *Weltanschauung* à exclure toute approche différente et à prétendre à l'exclusive en matière d'interprétation et d'organisation de la vie. Car les faits nous montrent tout autant que des cristallisations la constante évolution des conceptions du monde, leur reprise et leur transformation. On peut même aller jusqu'à se demander s'il n'y a pas dans la pluralité des *Weltanschauungen*, dans leur conflit même, quelque dimension qui impose la réflexion. On pourrait en esquisser comme suit le principe en partant de l'irréductible pluralité des conceptions du monde : en affirmant son monopole, une conception du monde est confrontée au fait que d'autres conceptions élèvent des prétentions tout aussi exclusives. Bien que les valeurs et les croyances qui les sous-tendent soient différentes, toutes doivent convenir que les autres conceptions ont une même *prétention à la validité*. Dans leur diversité même les *Weltanschauungen* deviennent du coup comparables d'un point de vue formel, comme sont comparables des croyances religieuses indépendamment de leur contenu. Voilà qui force à pousser plus avant la réflexion, le pluralisme des conceptions du monde impliquant une distanciation puisque l'on comprend que la même chose peut être pensée autrement. Cette conscience de la pluralité en dehors du conflit appelle la notion de *tolérance*.

L'exemple de la tolérance religieuse est ici particulièrement éloquent, non seulement parce que les religions sont un type paradigmatique de *Weltanschauung*, mais encore parce que la tolérance religieuse est le terrain d'origine de toute tolérance et un modèle de maîtrise de prétentions à la validité concurrentes. Cette tolérance n'est possible qu'au sein d'une structure politique caractérisée par la « sécularisation du savoir », par la « neutralisation du pouvoir d'État » en matière de *Weltanschauung* qui garantit la même liberté éthique à tous les citoyens et par la reconnaissance de la liberté d'opinion ou « liberté religieuse »[1].

Une telle tolérance ne relativise pas les prétentions à la vérité de chaque *Weltanschauung* et de ce fait ne fait aucunement progresser au plan théorique. Au contraire, l'essence de la tolérance est de laisser les différentes prétentions à la validité et les certitudes intactes. On sait que le problème de la diversité des conceptions du monde est qu'elle produit des conflits qui ne portent pas sur des images ou des représentations du monde, mais sur leur signification existentielle puisque les valeurs qui les dirigent ont une portée sur

---

1. Voir Habermas, « Vorpolitische Grundlagen des demokratischen Rechtsstaates? », dans *Zwischen Naturalismus und Religion. Philosophische Aufsätze*, Frankfurt am Main, Suhrkamp, 2005, p. 106-118.

l'orientation concrète de l'action : les *Weltanschauungen*
nous disent ce qu'il faut faire ou ne pas faire, c'est-à-dire que
comme « doctrines compréhensives » elles prétendent avoir
autorité à structurer une forme de vie dans son ensemble. Leur
conflit diffère des conflits entre les images du monde que l'on
rencontre en sciences. On attend effectivement des scientifiques qu'ils puissent faire abstraction des considérations
pratiques et restent conscients de leur « faillibilisme », neutra-
lisant ainsi les conflits en différends théoriques. La tolérance
n'a là aucune place : s'agissant de science, les prétentions à la
vérité sont soumises à l'examen critique dans la communauté
des chercheurs.

Si la tolérance n'a pas de sens en science, elle s'impose
cependant en présence des *Weltanschauungen* où elle est la
forme traditionnelle de l'apaisement dans la concurrence entre
les conceptions du monde. La célèbre parabole des trois
anneaux que Nathan le sage raconte à Saladin pour prôner
la tolérance entre l'islam, le judaïsme et le christianisme le
rappelle[1] : un homme riche possédait un anneau qui avait la
propriété de rendre agréable à Dieu et aux hommes celui qui le
portait avec confiance. Cet homme avait trois fils et légua à
chacun d'eux un anneau parfaitement identique à l'original,
aucun des fils ne sachant qui possédait l'anneau véritable.
Chacun des trois prétendant posséder le vrai, ils furent, dans le
conflit qui les opposait, finalement instruits par un juge qui
invita chacun à *agir* comme s'il détenait l'anneau original,
sans le faire prévaloir par rapport aux autres : « Allons ! Que
chacun, de tout son zèle, imite son amour incorruptible et libre
de tout préjugé ! ». La pluralité des religions prétendant à la
vérité conduit à la reconnaissance de cette prétention qu'il faut

1. Lessing, *Nathan le sage*, trad. fr. R. Pitou, Paris, Aubier, 1993, acte III,
scène 7.

rrrrrrtolérer au plan pratique. Mais il a fallu faire appel à la sagesse d'un juge impartial.

La tolérance est donc avant tout une vertu *politique* qui neutralise au plan pratique des différends insurmontables concernant les interprétations du monde et rend possible la cohabitation. Dans la mesure où «une interprétation durable et commune d'une seule doctrine compréhensive, religieuse, philosophique ou morale, ne peut être maintenue que grâce à l'usage tyrannique du pouvoir de l'État »[1], la tolérance en matière de conception du monde exige une structure politique et sociale où la communauté qui partage une conception religieuse du monde peut s'extraire de son contexte social et où l'individu peut être à la fois, par exemple, croyant et citoyen. C'est là ce qu'a cherché à penser John Rawls dans sa conception du «libéralisme politique »[2].

Il faut donc, malgré la diversité de nos modes de vie, du pluralisme des conceptions du monde et des croyances religieuses, pouvoir se comprendre comme citoyen soumis à une constitution, inclus dans un système politique qui rend possible une telle tolérance pratique en garantissant la même liberté de conscience ou liberté éthique pour chaque citoyen[3].

1. J. Rawls, *Libéralisme politique*, *op. cit.*, p. 64 *sq.*

2. La question à laquelle essaie de répondre le libéralisme politique est : «Comment est-il possible qu'existe et se perpétue une société juste et stable, constituée de citoyens libres et égaux, mais profondément divisés entre eux en raison de leurs doctrines compréhensives, morales, philosophiques et religieuses, incompatibles entre elles bien que raisonnables ? » (*ibid.*, p. 6).

3. Habermas, «Religiöse Toleranz als Schrittmacher kultureller Rechte », dans *Zwischen Naturalismus und Religion. Philosophische Aufsätze*, *op. cit.*, p. 258-278. *Cf.* la discussion entre Habermas et Rawls, notamment le *Débat sur la justice politique*, trad. fr. R. Rochlitz, Paris, Cerf, 1997 et le chap. II de Habermas, *L'intégration républicaine : essais de théorie politique*, trad. fr. R. Rochlitz, Paris, Fayard, 1998.

Or cette tolérance, qui n'est possible que dans le cadre politique d'une organisation libérale fondée sur des valeurs de respect démocratique soustraites aux conceptions du monde et donc laïque, implique en retour dans de nombreux domaines une révision des représentations et des règles et donc une transformation du mode de vie. Car une telle organisation doit pouvoir être compatible avec chacune des conceptions du monde. Pour cela Rawls distingue « conception politique » et « doctrine compréhensive » :

> (…) tous les citoyens adhèrent à une doctrine compréhensive avec laquelle la conception politique qu'ils professent est reliée d'une manière ou d'une autre. Mais le trait distinctif d'une doctrine politique est qu'elle est présentée comme indépendante et qu'elle est exposée indépendamment de tel arrière-plan plus large et sans référence à lui. Pour utiliser une expression actuelle, la conception politique est un module, un constituant essentiel, qui peut être intégré et justifié par les différentes doctrines compréhensives raisonnables en vigueur dans la société que cette conception politique gouverne [1].

Mais si la *Weltanschauung* dit comment agir, la tolérance politique conduit inévitablement à un réaménagement des « conceptions du monde ». Tolérer d'autres conceptions ne peut pas ne pas avoir d'effet en retour sur celles qui nous orientent, la modification de considérations pratiques ne peut pas ne pas réformer des considérations théoriques. En effet, être tolérant signifie accepter la réduction du champ d'application de la *Weltanschauung*. Tolérer signifie tout d'abord simplement accepter l'existence d'autres pratiques sans reconnaître pour autant leur fondement théorique. Mais ensuite, si la *Weltanschauung* prétend effectivement organiser

---

1. J. Rawls, *Libéralisme politique, op. cit.*, p. 37.

la vie dans son ensemble, la tolérance qui la restreint implique une adaptation pratique. Or cette adaptation a inévitablement des répercussions sur les convictions elles-mêmes : elles ne peuvent plus être prises pour des *vérités*, mais sont réduites à n'être que des *valeurs*. La vérité exclut d'autres vérités, alors que les valeurs peuvent co-exister lorsque l'on respecte l'*ethos* d'autrui. Mais pour qu'un tel respect de celui dont on ne partage pas toutes les valeurs puisse s'installer, il faut dépasser un grand nombre de préjugés, notamment tous ceux qui visent à exclure des groupes ou minorités. Car par-delà le différend quant à la conception du monde, la tolérance implique le respect de la personne qui adhère à d'autres valeurs et qui pense autrement au point de lui accorder les mêmes droits. Ce n'est qu'à ce prix que la tolérance peut être conçue comme une attitude politique légitime à l'égard des conceptions du monde. Le respect d'un ordre juridique et d'une morale sociale égalitaire qui rendent possible une telle tolérance implique donc en retour des modifications internes au plan des représentations et des prescriptions, voire, s'agissant des religions, des textes sacrés qui doivent être réinterprétés pour pouvoir être acceptés. Les conceptions du monde se trouvent donc elles-mêmes réduites dans leurs prétentions par leur diversité.

Si le pluralisme des modes de vie est le reflet d'un pluralisme de conceptions du monde, accepter le pluralisme rejaillit donc sur la *Weltanschauung* en désamorçant les exclusivismes. Le mouvement enclenché est alors celui du décentrement des perspectives. Le décentrement à travers l'adoption du point de vue d'autrui, affirmé de Bayle à Voltaire en passant par Montesquieu ou Diderot, a été érigé en maxime de l'usage de l'entendement par Kant qui ne conçoit pas de pensée qui ne s'élargisse à la « raison étrangère »[1] : « penser en se mettant à la place de chaque autre » est un moment constitutif de toute pensée[2]. Autrement dit, l'existence de la pluralité des perspectives indique la nécessité d'en varier, avec toutes les difficultés que cela appelle, et conduit de ce fait à la mise au jour d'une réflexivité conduisant vers une autre rationalité, critique[3]. C'est dire que les conceptions du monde, tout en assumant leur rôle d'orientation, sont appelées par elles-mêmes à se dépasser.

---

1. Voir J. Simon, *Kant – Die fremde Vernunft und die Sprache der Philosophie*, Berlin-New York, de Gruyter, 2003.

2. Kant, *Critique de la faculté de juger*, *op. cit.*, § 40.

3. Voir texte commenté, p. 107-111.

TEXTES ET COMMENTAIRES

TEXTE 1

Wilhelm Dilthey
L'essence de la philosophie (1907)
deuxième partie, chapitre II*

La religion, l'art et la philosophie ont une forme fondamentale commune qui remonte à la structure de la vie psychique. À chaque moment de notre existence notre propre vie se rapporte au monde qui nous entoure comme un tout s'offrant à nous dans l'intuition. Nous nous sentons, nous sentons la valeur vitale de l'instant singulier et la valeur de l'effet que les choses ont sur nous, mais toujours en relation avec le monde objectif. Lorsque la réflexion progresse, la liaison entre l'expérience de la vie et le développement de l'image du monde se maintient. L'évaluation de la vie présuppose la connaissance de ce qui est et la réalité émerge de la vie intérieure sous des éclairages changeants. Rien n'est plus fugitif, plus délicat et plus variable que la tonalité affective de

* *Das Wesen der Philosophie*, dans *Die geistige Welt. Einleitung in die Philosophie des Lebens, Gesammelte Schriften*, t. 5, G. Misch (éd.), Leipzig-Berlin, Teubner, 1924, p. 378-381. Ce texte, dont il existe une version française dans W. Dilthey, *Le Monde de l'esprit*, t. 1, trad. fr. M. Rémy, Paris, Aubier, 1947, p. 378-381, a été ici entièrement retraduit par nos soins.

l'homme face à la connexion des choses. Une telle tonalité
affective est illustrée par ces charmants poèmes qui rattachent
à une image de la nature l'expression de la vie intérieure. Notre
conception et notre appréciation de la vie et du monde
changent constamment, comme les ombres de nuages courent
sur un paysage. Le religieux, l'artiste et le philosophe se
distinguent des hommes ordinaires, et même des génies d'une
autre espèce, en ce qu'ils fixent de tels moments de la vie dans
la mémoire, qu'ils portent leur contenu à la conscience et
qu'ils relient les expériences singulières en une expérience
générale de la vie elle-même. Ils remplissent ainsi une
fonction significative, non seulement pour eux-mêmes, mais
encore pour la société.

De toutes parts s'élèvent ainsi des interprétations de la
réalité : les conceptions du monde. De même qu'une proposition a un sens ou une signification et l'exprime, ces interprétations voudraient énoncer le sens et la signification du monde !
Mais combien ces interprétations sont déjà changeantes dans
chaque individu singulier ! Elles se transforment progressivement ou soudainement sous l'effet des expériences. Comme
Goethe l'a reconnu, les époques de la vie humaine parcourent
différentes conceptions du monde suivant un développement
typique. Le temps et le lieu conditionnent leur diversité. Les
façons d'envisager la vie, les expressions artistiques de la
compréhension du monde, les dogmes religieux, les formules
de la philosophie recouvrent la terre comme une végétation
aux formes innombrables. Comme pour les plantes sur le sol,
elles semblent prises entre elles dans une lutte pour l'existence
et l'espace. C'est là que certaines parmi elles, portées par la
cohérente grandeur de la personne, prennent le pouvoir sur les
hommes. Les saints veulent revivre la vie et la mort du Christ,
de longues séries d'artistes voient l'homme à travers les yeux
de Raphaël, l'idéalisme kantien de la liberté entraîne avec lui

Schiller, Fichte et même la plupart des personnes influentes de la génération suivante. Ainsi sont dépassés la dérive et l'instabilité des processus psychiques, le contingent et le particulier du contenu des moments de la vie, l'incertain et le changeant dans la saisie des choses, dans leur évaluation et dans la position de fins; est donc dépassé ce malheur intime de la conscience naïve que Rousseau ou Nietzsche ont glorifiée à si grand tort. La simple forme de l'attitude religieuse, artistique, philosophique procure fermeté et sérénité et crée une connexion reliant le génie religieux et les croyants, le maître et ses disciples, la personnalité philosophique et ceux qui sont sous son influence.

On voit plus clairement dès lors ce qu'il faut entendre par l'énigme du monde et de la vie qui est l'objet commun de la religion, de la philosophie et de la poésie. La structure de la conception du monde comporte toujours une relation interne de l'expérience de la vie à l'image du monde, relation dont on peut toujours déduire un idéal de vie. C'est là ce qui résulte de l'analyse des œuvres supérieures relevant de ces trois sphères de la création ainsi que la relation entre la réalité, la valeur et la détermination de la volonté comme structure de la vie psychique. La structure de la conception du monde est donc une connexion où sont unis des éléments d'origine et de caractère différents. La différence fondamentale entre ces éléments constitutifs remonte à la différenciation de la vie psychique qui avait été désignée comme sa structure. Appliquer l'expression « conception du monde » à une formation intellectuelle qui inclut une connaissance du monde, un idéal, la position de règles et la détermination d'une fin suprême se justifie par le fait qu'elle n'inclut jamais l'intention d'accomplir des actions déterminées ni par conséquent un comportement pratique déterminé.

Le problème du rapport de la philosophie à la religion et à la poésie peut à présent être ramené à la question des relations résultant de la structure différente de la conception du monde sous ces trois formes. Car philosophie, religion et poésie ne nouent des rapports intimes que dans la seule mesure où elles préparent ou contiennent une conception du monde. De même que le botaniste classe les plantes et étudie la loi de leur croissance, de même celui qui analyse la philosophie doit rechercher les types de conceptions du monde et découvrir la loi de leur formation. Une telle approche comparative permet à l'esprit humain de dépasser l'espoir, fondé dans son être conditionné, d'avoir saisi la vérité même dans l'une de ces conceptions du monde. Tout comme l'objectivité du grand historien ne veut pas régir les idéaux des époques singulières, le philosophe doit saisir de manière historique et comparative la conscience même qui contemple, qui domine ses objets, et il doit par conséquent adopter un point de vue plus élevé que tous les autres. C'est alors que s'accomplit en lui l'historicité de la conscience.

La conception religieuse du monde diffère donc suivant sa structure de la conception poétique, et cette dernière diffère suivant sa structure de la conception philosophique du monde. À cela correspond une organisation différente des types de conception du monde au sein de ces trois systèmes culturels. Et les différences fondamentales entre les conceptions philosophique, religieuse et poétique engendrent la possibilité d'un passage d'une conception du monde sous forme religieuse ou artistique à la forme philosophique et vice versa. Ce qui prédomine dans le passage à la forme philosophique est fondé dans la tendance psychique consistant à donner à notre action fermeté et cohérence, ce à quoi l'on ne parvient finalement que dans la pensée ayant une validité générale. De là les questions : en quoi consiste le caractère singulier de la structure de ces

différentes formes? Suivant quelles lois les formes religieuse
ou artistique se transforment-elles en forme philosophique?
À la limite de cette recherche, nous nous rapprochons du
problème général que nous n'avons pas la place de traiter ici :
la question des lois qui déterminent la variabilité de la structure et la diversité des types de conception du monde. Ici aussi,
la méthode doit consister à interroger d'abord l'expérience
historique et ensuite à intégrer son contenu à la légalité
psychologique.

COMMENTAIRE

LA THÉORIE DES CONCEPTIONS DU MONDE

Publié en 1907, le texte de Dilthey (1833-1911) est sans doute l'un des plus classiques pour définir la notion de *Weltanschauung*. C'est la raison pour laquelle nous l'avons retenu. Il présente non seulement le concept de *Weltanschauung*, mais dégage encore les caractéristiques auxquelles se réfèrent ceux qui le critiquent. Son importance tient en deux points sur lesquels nous concentrerons notre commentaire : d'une part Dilthey cherche à rendre compte de la structure générale des conceptions du monde à partir d'une philosophie de la vie, d'autre part il esquisse une théorie des « types » de conceptions du monde qui pourrait en réduire la diversité et éviter le relativisme qui semble devoir nécessairement découler de leur pluralisme. La thèse de Dilthey est la suivante : en rapportant les conceptions du monde à la structure même de la vie psychique, il est permis de montrer que les différentes façons dont elles s'élaborent ont une unité, une « forme fondamentale commune ». La religion, l'art et la philosophie sont conçus dans ce cadre comme différentes façons pour l'esprit humain de répondre à une même interrogation de l'homme inscrit dans le monde, qui n'est autre que la question de l'« énigme du monde et de la vie » elle-même, c'est-à-dire de leur incompréhensibilité. Car le *monde* dans lequel nous sommes jetés et la *vie*, à savoir la naissance et la mort, sont ce que nous ne comprenons absolument pas. Ils sont l'irrationnel auquel il faut pourtant bien arracher quelque raison pour les éclairer du sens et pouvoir s'orienter en eux. Les deux premiers alinéas rendent compte de ce mouvement : le premier en partant du rapport de la vie individuelle au monde, le second en montrant comment l'homme religieux, l'artiste ou le philosophe fixent des interprétations paradigmatiques. Cette première approche permettra, dans le troisième alinéa, une définition plus précise de la *Weltanschauung* avant que ne se pose la question d'une typologie ou classification des conceptions du monde.

L'interprétation de l'expérience vécue

Il faut donc commencer par la « structure de la vie psychique » qui n'est, d'après Dilthey, accessible qu'à une psychologie descriptive[1]. Cette structure se manifeste par l'organisation de la vie qu'elle effectue au contact non pas du monde, car il n'est pas encore formé comme tel, mais du milieu dans lequel le sujet se trouve. Cette structure psychique tient aux rapports d'action réciproque entre l'individu et ce milieu, notamment à la résistance qu'il rencontre dans le monde extérieur, c'est-à-dire dans la réciprocité entre l'action du monde extérieur et la réaction de l'individu. Dans cette interaction s'organisent et s'articulent les états internes de l'individu, donnant ce que Dilthey appelle la « structure de la vie psychique ». L'unité de ce psychisme permettra d'expliquer que religion, art et philosophie se comprennent tous trois

1. Dilthey, « Idées concernant une psychologie descriptive et analytique », dans *Le Monde de l'esprit*, t. 1, *op. cit.*, en particulier p. 205-218.

à partir d'une « forme fondamentale commune ». On saisira donc l'agencement de cette vie intérieure en réalisant que toute vie mentale dépend de son milieu et réagit sur lui :

> Des sensations sont suscitées, qui traduisent la diversité des causes extérieures ; stimulés par le rapport que notre sensibilité nous révèle entre ces causes et notre vie particulière, nous nous intéressons à ces impressions, nous percevons, distinguons, rattachons, jugeons et raisonnons ; la connaissance objective fait naître, sur la base de la diversité affective, des appréciations toujours plus exactes de la valeur que présentent pour nous, pour le système de nos instincts, les différents facteurs de notre vie et les multiples causes extérieures ; conduits par ces évaluations, nous modifions par des actions volontaires convenables les conditions de notre milieu, ou nous adaptons par le jeu interne de notre volonté nos propres processus vitaux à nos besoins[1].

Apparaît ainsi l'orientation téléologique de la structure mentale plongée dans la vie : elle apprend par le plaisir ou la douleur ce qui est important pour elle, ce qui est désirable et ce qu'il est préférable d'éviter. En cela l'unité psychique fait attention, elle choisit, veut, distingue des buts et recherche les moyens pour les atteindre. Elle évalue et apprécie ; elle sélectionne. Voilà qui constitue l'« expérience de la vie », qui n'est autre que « l'ensemble des processus par lequel nous apprenons à connaître les valeurs de la vie et des choses »[2]. La structure qui se trouve ici au fondement est donc celle du dynamisme psychique qui règle sa saisie de la réalité sur les évaluations faites en fonction du sentiment de plaisir et de peine, ce qui constitue la couche inférieure à partir de laquelle se détermine notre volonté.

---

1. Dilthey, « L'essence de la philosophie », *op. cit.*, p. 373.
2. *Ibid.*, p. 374.

Ainsi se forme, par l'imagination ancrée dans les instincts et la sensibilité, une première image du monde, une représentation orientée du monde objectif. Une telle image est toujours valorisée, c'est-à-dire articulée en fonction de ce qui nous importe, de « ce qui est vraiment précieux pour nous ». Cette première connaissance de la valeur de la vie et des choses est, à suivre Dilthey, au fondement des conceptions du monde.

> Toutes les conceptions du monde naissent de l'objectivation de ce que l'homme, qui est un vivant, apprend du monde par expérience directe, à mesure qu'il perçoit, qu'il constitue des représentations, qu'il éprouve des sentiments ou des instincts, ou qu'il essaie sa volonté sur les choses qui l'entourent[1].

Les conceptions du monde trouvent donc leur racine ultime dans la vie elle-même. En même temps, par les processus de valorisation mentionnés, nous avons assisté au *surgissement du sens*. C'est en quelque sorte la vie qui se comprend elle-même en interprétant le monde dans lequel elle est plongée. À ce niveau on ne peut que constater et décrire le fait que, dans notre pensée comme dans notre action, nous *prenons position* à l'égard de tout ce que nous rencontrons. Certaines choses me rendent heureux, « élargissent mon existence, augmentent ma force[2] », alors que d'autres m'oppressent et me réduisent. Une action réussie a ainsi un tout autre statut qu'un échec. Tout devient une objectivation de la vie et de l'esprit, c'est-à-dire que l'on peut lire le sens jusque dans les objets singuliers :

> Le banc devant la porte, l'ombre de l'arbre, la maison et le jardin trouvent dans ces objectivations leur essence et leur

---

1. Dilthey, *Théorie des conceptions du monde*, *op. cit.*, p. 284 (traduction modifiée).

2. *Ibid.*, p. 99.

signification (*Bedeutung*). C'est ainsi que la vie crée à partir de chaque individu son propre monde [1].

On sait que le terme allemand *Bedeutung*, tout comme le français « signification », dit non seulement le sens, mais aussi l'importance, la valeur. L'allemand dit plus encore puisque le verbe *deuten*, sur lequel est construit *Bedeutung*, dit en outre l'activité d'interprétation. Dans la *Bedeutung*, l'interprétation fait sens ou donne un sens. L'homme qui réfléchit sur soi et sur ce qu'organise la vie fixe les structures de la vie en les élevant au sens, c'est-à-dire en les valorisant. Le monde devient alors une totalité signifiante, totalité qui reste cependant individuelle parce qu'elle est fondée dans des expériences personnelles : le monde est mon propre monde parce que le sens est celui que je lui donne à partir de ma perspective spécifique.

Le caractère individuel du rapport au monde explique le caractère changeant de ce qui constitue le sol vital des conceptions du monde. Demeure en revanche constante la liaison entre l'« expérience de la vie » et l'« image du monde », c'est-à-dire le fait que l'image du monde se développe en même temps que notre réflexion se transforme dans son rapport au monde. Connaissance du monde objectif et sentiment de la vie vont ainsi ensemble et se complètent dans une « évaluation de la vie », évaluation changeant comme nos sentiments et, par conséquent, comme les conceptions qui leur sont rattachées.

Dilthey en trouve l'exemple dans la poésie, c'est-à-dire dans le *rapport* entre l'expérience vécue et la poésie. Pour Dilthey, le Moi est donné dans son milieu, c'est-à-dire dans le sentiment de son existence, dans un comportement à l'égard des choses et une attitude vis-à-vis d'autrui. Dans ces relations, nous l'avons vu, notre existence peut être opprimée ou

---

1. Dilthey, *Théorie des conceptions du monde*, *op. cit.*, p. 99.

à l'inverse notre sentiment d'existence peut s'intensifier, comme dans la joie. Chaque chose prend sa force et sa coloration propres. La finitude éveille le sentiment de ce qui est durable et les étoiles par exemple peuvent devenir l'image de cette expérience intérieure. Le regard paisible sur un village au crépuscule, les lumières qui s'allument aux fenêtres deviennent l'expression d'une existence protégée. C'est ainsi que les choses sont valorisées et objectivées et c'est là ce que la poésie qui décrit ces paysages donne à voir[1]. Rappelons à titre d'exemple comment Dilthey relate le rapport du jeune poète Hölderlin au paysage de la nature :

> Là où l'homme se trouve enclos dans de douces collines et des vallées soyeuses sans pour autant être oppressé, là où les fines lignes lointaines de montagnes appellent au loin et que la vallée malgré cela protège et abrite : là, du sentiment de cette situation naît un doux rapport bienveillant à l'égard de la nature – être à l'abri, se fondre familièrement à la vallée, au fleuve et aux collines et cependant avoir la nostalgie du lointain scintillant. Tel est le sentiment de la nature des poètes souabes[2].

Ces images saturées de sentiments, nous ne les connaissons pas qu'en poésie, mais dans les arts en général. On cite souvent à ce titre l'exemple de la peinture romantique dont les paysages rendent les états de l'âme, comme chez C. G. Carus ou C. D. Friedrich. Comme le peintre, le poète objective son expérience intérieure, une tonalité affective ou une manière de se trouver affecté dans le monde. Une image du monde se trouve ainsi mise en relation avec une expérience vécue.

---

1. Voir en autres Dilthey, «L'imagination poétique. Éléments d'une poétique (1887)», dans *Le Monde de l'esprit*, t. 2, *op. cit.*, p. 106-244. *Cf.* le recueil d'études de Dilthey intitulé *Das Erlebnis und die Dichtung. Lessing. Goethe. Novalis. Hölderlin*, Leipzig, Reclam, 1988.

2. Dilthey, *Das Erlebnis und die Dichtung, op. cit.*, p. 290.

Si cette expérience est ordinaire, vécue par nous tous dans la vie quotidienne, Dilthey affirme qu'il n'appartient cependant qu'à quelques-uns de « fixer » ces « moments » voués à une transformation permanente dans le flux de la vie et de nos impressions. Ce sont là le religieux, l'artiste et le philosophe. Ce qui les réunit, c'est le rapport spécifique qu'ils ont au monde : ils se placent directement devant *l'énigme du monde et de la vie en général* et ne s'orientent pas simplement vers une région de ce qui est. Ils ne déploient pas dans le monde une volonté orientée vers des buts définis, comme le scientifique, par exemple, qui vise à la transformation technique de la nature. Dans la religion, l'art et la philosophie, dit Dilthey, l'homme se « libère de son asservissement aux données précises en réfléchissant sur lui-même et sur l'unité des choses »[1] : religion, art et philosophie soustraient l'expérience vécue au changement pour l'objectiver dans un sens global. Cette expérience est ainsi portée à la conscience et présente, objectivée dans des œuvres, et sa signification n'est alors plus singulière, mais *typique* de la vie. C'est en ce sens qu'en mettant à découvert la relation entre la conscience et le monde tout en dépassant sa singularité, on peut dire que l'art, la religion ou la philosophie sont intensification de notre être-au-monde. C'est là ce que dira de la poésie le premier Heidegger, pour lequel « le but propre du discours "poétique" » peut être « la mise à découvert de l'existence » à partir de l'affection (*Befindlichkeit*), de la façon dont nous nous trouvons dans le monde[2].

En objectivant et en généralisant cette structure, religion, art et philosophie remplissent une fonction « significative » (*eine bedeutsame Funktion*). Ce qui ne veut pas simplement dire une fonction « importante », mais une fonction qui met en

1. Dilthey, « L'essence de la philosophie », *op. cit.*, p. 377.
2. Heidegger, *Sein und Zeit*, *op. cit.*, § 34.

évidence la *signification* : religion, art et philosophie font ressortir durablement la signification de moments singuliers. N'étant pas individuelle, cette fonction permet, comme objectivation, aux différents membres d'une société de se retrouver dans une expérience générale de la vie. L'expérience ainsi mise en commun peut être reconnue et par suite fonder une identité par-delà le Moi singulier.

La stabilisation du rapport au monde

Le deuxième alinéa tire la conclusion de ce qui précède : « De toutes parts s'élèvent ainsi des interprétations de la réalité : les conceptions du monde ». *Weltanschauung* est donc synonyme d'interprétation. Une interprétation est un travail qui dégage le sens de ce qui est et rend possible la compréhension. Le paradigme en est l'interprétation des textes, d'où le recours au modèle herméneutique de la « proposition » qui permet d'envisager les conceptions du monde comme des formes de « discours », puisque c'est dans le langage que le sens s'articule. Les conceptions du monde mettent donc en œuvre une *herméneutique* comme art d'interpréter et de comprendre. Comprendre les conceptions du monde comme des interprétations signifie qu'elles ne sont pas de simples visions ou intuitions, ni même des contemplations, mais bien le fruit d'un travail d'interprétation qui part d'une attitude fondamentale de la vie et des perspectives qui l'habitent. C'est en cela que le terme « conception du monde » est finalement plus clair que *Weltanschauung*.

Ce qui est visé dans cette interprétation spécifique de la réalité n'est autre que « le sens et la signification du monde ». Dit autrement : le monde apparaît compris comme expérience uniforme à partir de l'image du monde et des tonalités affectives. Or en vertu de leur structure même ces interprétations apparaissent dans une irrémédiable diversité, et pas uniquement parce qu'en raison de l'inscription sensible dans le monde elles sont déterminées par leurs références spatio-temporelles. Nous avons vu en effet qu'elles pouvaient varier également suivant les humeurs, et cela chez le même individu qui peut éprouver différemment, par exemple, le poids de l'existence à des moments distincts. Nos expériences, et par suite notre savoir, affectent elles aussi le rapport au monde qui nous entoure. Suivant les âges de la vie, les choses et autrui assument des fonctions variées et ont de ce fait pour nous des valeurs différentes. C'est là le sens de l'allusion à Goethe, pour lequel à chaque âge de l'homme correspond une certaine «philosophie»: si l'enfant est réaliste, l'adolescent, habité par ses passions, est idéaliste; l'adulte devient sceptique et la personne âgée mystique ou fataliste [1]. L'idée d'une telle succession typique à travers les âges de la vie est souvent rattachée à la structure de la pensée elle-même. C'est ainsi que Kant, par exemple, présentait la succession des étapes dogmatique, sceptique et critique comme inscrite dans la structure stable de l'évolution de la raison réfléchissante elle-même [2]. De manière analogue, Comte admet par exemple dans ce qu'il appelle la «loi des trois états» une hiérarchie dans le développement de l'esprit, tant dans l'espèce que dans l'individu: l'homme passerait ainsi de l'état «théologique», où il transforme ses représentations et désirs subjectifs en dieux et démons, à l'«état métaphysique» où ils sont transformés en notions abstraites, avant d'atteindre l'état «positif» qui se contente des faits que fournit l'expérience interne et externe. Tout en rendant compte d'un élément changeant, l'idée d'un «développement typique» permet de conduire vers ce qui va assurer

1. Goethe, *Maximes et réflexions*, trad. fr. P. Deshusses, Paris, Rivages, 2001, n° 597.

2. Kant, *Critique de la raison pure*, *op. cit.*, A 761/B 789.

la réduction de la pluralité, même si pour l'instant ces différentes façons d'«envisager la vie» semblent être en concurrence dans chacun des domaines, ouvrant un vaste champ de bataille artistique, religieux et métaphysique.

L'idée de Dilthey est que parmi la diversité de ces interprétations certaines parviennent à s'imposer et sont adoptées par d'autres. Ce sont celles des « grands hommes » ou « génies » religieux, artistes ou philosophes. Le Christ, Raphaël, Kant deviennent par exemple chacun en leur domaine des modèles de conception du monde. Ils sont des génies parce qu'ils synthétisent d'une part une manière de voir, d'autre part font école en servant de modèle. Ces écoles (les saints chrétiens, les élèves de Raphaël, les post-kantiens…) ont pour effet de stabiliser les conceptions du monde en transmettant des conceptions auxquelles on peut désormais se référer. Dans ces objectivations, la conscience peut retrouver des structures stables, mettant un terme à l'«instabilité et à la dérive des processus psychiques ». Elles jouent ainsi un rôle de configuration et de constitution du soi.

On ne peut cependant s'empêcher de relever le caractère inquiétant des conséquences d'une telle approche, que certaines expressions du texte illustrent. En rattachant les conceptions du monde à des génies ou en affirmant qu'il faut être génial pour avoir une conception du monde, Dilthey reprend des idées romantiques. Kant disait l'inverse, en déniant à l'homme fini le pouvoir de parvenir à une «intuition intellectuelle », comme le prétend, par « véritable orgueil », le génie[1]. Dans la description de Dilthey, la conception du monde se confond aisément avec le culte du génie, le culte de la personnalité sur lequel peuvent se fonder des communautés

---

1. Kant, *Qu'est-ce que s'orienter dans la pensée ?*, trad. fr. A. Philonenko, Paris, Vrin, 1988, p. 87.

qui adhèrent à la même *Weltanschauung*. «Comme il faut qu'une grande personnalité exerce de puissance pour rendre vraisemblable une conception du monde!» écrit Dilthey[1]. C'est qu'il n'est pas donné à tout le monde d'oser prétendre au regard sur le monde comme totalité, bien que chacun aimerait pouvoir y participer. N'est-ce pas pour cela qu'on admire celui qui ose prendre le point de vue de Dieu? Dans un mouvement d'immanentisation des conceptions du monde le point de vue de Dieu est privatisé par des génies «visionnaires» qui le transmettent à leurs disciples. On comprend à partir de là que les conceptions du monde ont, dans une perspective politique, tendance à ne pas être démocratiques. Car la «fermeté» et la «sérénité» qui soumettent au génie de la *Weltanschauung* ceux qui sont sous son influence se paient du prix de l'intolérance. La conséquence que sont la lutte ou le conflit mortel entre conceptions du monde semble alors inéluctable et inhérente à l'existence d'une pluralité de tels visionnaires et de communautés qui s'en remettent aux génies pour savoir qui elles sont et ce qu'elles doivent faire. Une telle *lutte* ne trouve sa fin qu'avec les conceptions qui s'imposent, à savoir celles «qui prennent le pouvoir sur les hommes». Tout ne serait-il alors que question de puissance, les conceptions du monde ne seraient-elles que des interprétations qui s'imposent ou, comme dit Nietzsche, la volonté de puissance elle-même qui *est* interprétation[2]? L'analogie avec le *struggle for life* naturel utilisée par Dilthey est en ce sens éloquente. Or pour ne pas s'en tenir à un darwinisme des conceptions du monde, il convient d'en réduire autrement la pluralité. Et nous verrons que c'est là la tâche que s'assigne Dilthey.

---

1. Dilthey, *Théorie des conceptions du monde, op. cit.*, p. 282.

2. Nietzsche, *Fragments posthumes*, trad. fr. J. Hervier, Paris, Gallimard, 1978, automne 1885-automne 1886, 2, [148] et [151].

La définition de la conception du monde

Le troisième alinéa donne la définition canonique de la *Weltanschauung*. Nous avions vu la relation interne entre l'« expérience de la vie » et l'« image du monde ». Le propre de la *Weltanschauung* est qu'elle relie ces éléments à un « idéal de vie »[1]. Une conception du monde réunit donc une « réalité » rattachée à l'image du monde, des « valeurs » relatives à l'expérience de la vie et une « détermination de la volonté ». Ces trois dimensions nous donnent d'une part le réel naturel, d'autre part, dans l'expérience de la vie, l'expérience vécue du sens et de la signification et enfin, dans l'idéal de la vie, les principes de l'action. Cette combinaison d'intelligence du monde, d'appréciation de la vie et de principes d'action est hétérogène dans la mesure où elle implique à la fois la pensée, le sentiment et la volonté. On comprend alors à quel point il est difficile de clarifier la notion, sauf à les rapporter à une structure fondamentale, que Dilthey dit être celle de la vie psychique elle-même. Mais le problème des conceptions du monde risque par conséquent d'être réduit à la psychologie : poésie, religion et métaphysique ne sont rien d'autre que des expressions culturelles, des objectivations de la vie psychologique.

Si la définition de Dilthey est claire, il subsiste chez lui une obscurité liée au terme lui-même. En effet, Dilthey affirme curieusement que la *Weltanschauung* n'a pas de conséquence immédiatement *pratique*, mais désigne une attitude *théorique*

1. On comparera cela avec une autre définition célèbre de Dilthey dans l'article auquel se réfère Husserl : « Cette structure est toujours une connexion (*Zusammenhang*) dans laquelle, sur la base d'une image du monde, on résout les questions de la signification et du sens du monde et à partir de laquelle on déduit l'idéal, le Bien suprême et les plus hauts principes pour la conduite de la vie » (*Théorie des conceptions du monde, op. cit.*, p. 104).

à partir d'une « contemplation » du monde[1]. Y a-t-il ici autre chose qu'une raison purement terminologique, l'« intuition » de la *Weltanschauung* étant nécessairement passive ? Car si le comportement défini n'est certes pas inclus dans la conception du monde, les principes n'en déterminent pas moins immédiatement l'action effective, comme les religions le prouvent.

On peut à présent résumer le mouvement d'édification des conceptions du monde : la structure de la vie psychique conduit à dépasser les expériences vitales, nécessairement individuelles, en direction de constantes, de traits fondamentaux et universels. Ainsi par exemple, confrontés à la disparition des choses, nous pouvons préconiser de savourer l'instant présent, ou bien nous réfugier dans une structure stable, ou encore nous nourrir de la nostalgie d'un ordre transcendant... Une telle expérience individuelle devient une expérience générale au moyen de l'histoire où les individus se communiquent les expériences grâce à des traditions et partagent des attitudes face à cette expérience. Cette généralisation se fait progressivement, par un long processus d'intégration, de correction et débouche sur la formulation de *propositions* sur l'« expérience de la vie », constitutives des mœurs, des coutumes etc., qui ne sont certes pas l'équivalent de propositions scientifiques, mais qui manifestent une attitude à l'égard de l'énigme de la vie, c'est-à-dire une prise de position. C'est parce que le monde et la vie sont énigmatiques, incompréhensibles, qu'il faut, au regard de l'indéchiffrable, recourir à l'imagination pour produire une certaine intelligibilité, et utiliser des figures du discours pour dire ce qui ne se laisse

---

1. Heidegger a sans aucun doute raison de le critiquer vivement (*Einleitung in die Philosophie,* § 32 b, Frankfurt am Main, Klostermann, 1996, p. 236. *Cf.* § 39 b, p. 346 *sq.*, qui analyse ce passage de Dilthey).

pas saisir. C'est ainsi, comme en témoignent les religions, la poésie etc., que se forgent des langages spécifiques.

Poésie, religion, philosophie

Quelle est dans ce contexte la différence entre les conceptions du monde religieuse, artistique et métaphysique ? Les deux derniers alinéas posent la question sans donner d'ailleurs une analyse précise de cette différence. On comprend bien entendu qu'elle s'enracine dans des expériences vitales distinctes. L'expérience religieuse a pour caractère spécifique d'être la conscience qui accompagne le « commerce avec l'invisible ». Ce rapport à l'invisible détermine en ce cas toutes les dimensions de la conception du monde. Cette organisation peut se décliner différemment suivant les religions, comme nous l'avons déjà vu, et ordonne la connaissance, les valeurs, la volonté et les règles de vie. L'expérience poétique fait de son côté ressortir dans le langage quelque chose de singulier comme expression idéelle d'un rapport à la vie, donnant ainsi naissance à des « tonalités affectives universelles ». Cela ne se limite d'ailleurs pas à la poésie, comme l'exemple de Raphaël le montre : il s'agit en général de la création artistique. L'art exprime une compréhension de la signification de la vie telle qu'elle s'est constituée chez le poète[1]. C'est la vie elle-même qui se comprend par là. L'œuvre littéraire et plus généralement l'œuvre d'art, picturale, musicale, architecturale, devient alors le symbole non pas d'une pensée mais d'une connexion vécue. Dilthey donne ailleurs pour exemples Stendhal ou Balzac, qui ne voient dans la vie que tissu d'illusions et de passions, ou Corneille et Schiller, apôtres de l'action héroïque. Les artistes, en présentant des mondes, en articulent et en véhiculent la

---

1. Dilthey, « L'essence de la philosophie », *op. cit.*, p. 392 *sq.*

conception. Quant à la *Weltanschauung* philosophique ou métaphysique, comme le dit le dernier alinéa, elle est le résultat des conceptions religieuses et artistiques et répond à la tendance à consolider les conceptions du monde en savoir universellement valable. Cela lui donne une structure spécifique, qui allie connaissance du réel, conduite de la vie et direction de la volonté. Cette structure se décline en systèmes eux-mêmes typiques, suivant la conception qu'une philosophie se fait de la connaissance du réel et des conséquences qu'elle a au plan de l'organisation de la vie. Inscrites dans un processus de généralisation, les trois grandes conceptions du monde devenues philosophies, c'est-à-dire générales, permettent de comprendre ce qui anime au fond les conceptions religieuses ou artistiques. Il s'agit, suivant Dilthey : 1) du *naturalisme positiviste*, qui est un matérialisme qui s'élabore à partir de l'entendement ; 2) de *l'idéalisme de la liberté* qui comprend le monde à partir de l'activité de la volonté ; 3) de l'*idéalisme objectif* qui, partant du sentiment, préconise une approche plus contemplative.

Ce n'est pas ici le lieu de décrire longuement les systèmes présentés par Dithey[1]. Nous nous attacherons plutôt à la finalité de son projet que les deux derniers alinéas précisent.

Une typologie des conceptions du monde

Nous avions vu en effet que par définition, les conceptions du monde, comme perspectives situées, conduisent inévitablement au pluralisme. Chaque rapport vital au monde donne une mise en forme unilatérale qui se généralise dans une *Weltanschauung*, unilatéralité qui se répercute jusqu'à la position des idéaux qui leur donnent leur authentique énergie

---

1. Un résumé commode se trouve dans la *Théorie des conceptions du monde*, *op. cit.*, p. 128 *sq.*

et qui sont pour ainsi dire la fine pointe des conceptions du monde : à partir d'eux se posent des fins durables et s'élaborent des projets de vie.

> Cet univers incommensurable, insaisissable, insondable (*unergründlich*) se reflète de manières variées à travers les grands visionnaires religieux, les poètes et les philosophes. Tous sont placés sous la puissance du lieu et de l'heure. Chaque conception du monde est historiquement conditionnée, par conséquent limitée, relative. Une terrible anarchie de la pensée semble en procéder. Mais c'est précisément la conscience historique, qui a suscité ce doute absolu, qui est aussi en mesure d'en définir les limites [1].

Les conceptions du monde sont en effet déterminées par des lois internes qui en définissent les types et expriment une relation singulière de l'individu à la nature de l'univers.

> Chacune d'elles exprime donc un aspect de l'univers dans les limites de notre pensée. En cela chacune est vraie. Mais chacune est unilatérale. Il nous est interdit de voir ensemble ces différents aspects. *Nous ne pouvons apercevoir la pure lumière de la vérité qu'à travers des rayons diversement réfractés* [2].

Ce pluralisme, que Dilthey cherche ici à fonder, doit pouvoir être réduit ou maîtrisé si on ne veut se résoudre à y voir une simple manifestation de la volonté de puissance interprétative, comme le font tous ceux qui célèbrent dans cette diversité une pure expression de la liberté. Or il existe plusieurs manières de se mesurer à ce pluralisme des conceptions du monde ou des « doctrines compréhensives ». Rawls et Habermas recherchaient par exemple une solution permettant la relative coexistence dans le cadre d'une politique libérale tolérante. Quant à une réduction, elle peut se faire soit en

---

1. Dilthey, *Théorie des conceptions du monde, op. cit.*, p. 272.
2. *Ibid.* C'est moi qui souligne.

remontant à des principes unificateurs, soit à travers une
démarche historique. Kant donne, à la fin de la *Critique de la
raison pure*, l'exemple de la première voie dans son « histoire
de la raison pure » qui permet d'intégrer les principales positions philosophiques dans une structure abstraite [1]. Dilthey à
l'inverse pense pouvoir réduire cette diversité à travers une
méthode historique comparative qui classe les conceptions du
monde relevées dans l'histoire à l'aide de caractéristiques
générales dans le cadre d'une *typologie*. Pour lui, certaines
conceptions manifestent leur stabilité et s'imposent plus
durablement, qu'il s'agisse de religions, de métaphysiques ou
de mouvements artistiques. Cette durabilité nourrit le sentiment d'une certaine régularité jointe à une unité qui tient à la
relation constante à l'énigme du monde. Voilà qui conduit
Dilthey à l'idée que d'authentiques structures peuvent se
dégager pour réduire le simple pluralisme. Il les appelle des
« types » de conception du monde. Ces types sont obtenus par
description et non par déduction. Les comprendre dans leur
ancrage dans la vie signifie en effet toujours rester ouvert à la
possibilité de modifications nouvelles et ne pas prétendre à
une typologie définitive. Contrairement à ce qu'on a reproché
à Dilthey, la philosophie n'a pas alors à proclamer des conceptions du monde, mais à *réfléchir les interprétations qui
s'élèvent à partir de la vie*. C'est en cela que consiste l'essence
herméneutique de la philosophie chez Dilthey.

La nécessité d'une typologie des conceptions du monde
apparaît donc comme contrepoint au relativisme historiciste
que Husserl avait relevé comme étant la tendance de la
seconde moitié du XIXᵉ siècle. En effet, si Hegel a donné ses
lettres de noblesse à l'histoire en reconnaissant la vérité de

---

1. Kant, *Critique de la raison pure*, *op. cit.*, A 852 *sq.*/B 880 *sq.*

chaque moment qui la compose, vérité provisoire puisque
appelée à être relevée dans la philosophie absolue, l'abandon
post-hégélien de l'absolu permet de comprendre d'une part
« le revirement de la métaphysique hégélienne de l'histoire en
un historicisme sceptique » et d'autre part l'apparition de « la
philosophie comme « conception du monde » » où se succèdent indéfiniment des systèmes comme autant de vérités [1]. Le
recours à une *typologie*, qui dégage des « types constants de
conception du monde », est alors une réponse à l'affirmation
de « la plus extrême historicité de l'être humain » parce qu'elle
permet de compenser, de manière provisoire, la perte du « sens
de l'histoire » après la ruine des philosophies de l'histoire [2].
Mais la solution est loin d'être confortable, puisqu'elle conju-
gue paradoxalement un historisme radical, suivant lequel
l'homme n'apprend ce qu'il est qu'à travers l'histoire, et l'idée
d'« une même nature, commune à tous les hommes » [3] qui
serait quant à elle pensée de manière anhistorique.

---

1. Husserl, *La Philosophie comme science rigoureuse*, *op. cit.*, p. 16.
2. C'est là ce qu'a montré O. Marquard, « Typologie de la vision du monde.
Notes sur une forme de pensée anthropologique des XIXe et XXe siècles », dans
Des Difficultés avec la philosophie de l'histoire, trad. fr. O. Mannoni, Paris,
Éditions de la Maison des Sciences de l'homme, 2002, p. 119-135
3. Dilthey, *Théorie des conceptions du monde*, *op. cit.*, p. 107.

de son *archê* et de son *télos*. Cela fait émerger, après les mythes centraux, les grandes religions cosmocentriques et théocentriques. Par suite d'une intense interaction de récits singuliers, confrontés entre eux au sein de communautés narratives, l'élaboration de thèmes communs a pu être menée à bien. Corrélativement, l'appropriation symbolique des expériences de la vie en a suffisamment dégagé la substance informative pour qu'alors le discours soit en mesure de tirer des conclusions générales et définitives sur ce qu'il en est du monde et du sens de l'existence. Le cosmos point à cet endroit, ou son idée, dans le milieu de l'être représenté. Il émerge avec une force de révélation qui saisit l'intelligence théorique dans l'expérience nouvelle des grandes catégories de la pensée religieuse. Le monde, enfin, apparaît en son unité complète, comme un lever de soleil. Jusqu'alors, le discours développé sous les auspices du registre narratif n'avait su inscrire que des épisodes partiels, des aventures qui, si typiques et édifiantes soient-elles, ne touchaient encore qu'à ce qui arrive dans le monde lui-même, sans prendre en prétention l'avènement du monde lui-même. Mais la puissance interprétative récapitule et généralise le sens de ce qui arrive, tant et si bien qu'elle entraîne l'intelligence théorique sur le chemin catégorial menant de l'événement à la loi : la compréhension du sens devient nomologique, s'affranchit de la particularité, pour s'élever à la compréhension du monde comme tel.

Les synthèses religieuses naissent de la puissance interprétative – grandioses, certes, mais vulnérables. Elles ont à gérer une fragilité spécifique. C'est qu'elles s'appuient sur des savoirs d'expérience, qui, bien que généralisés, n'ont qu'une pertinence contextuelle. Or les contextes se modifient au cours de procès d'apprentissage. Ils se transforment sous l'effet notamment de dynamiques sociales de travail et de lutte. Ces transformations affectent la pertinence des conclusions relatives à la réalité en général. Elles perturbent les visions du monde, en déstabilisent certains contenus, ceux qui entrent en dissonance cognitive avec les expériences nouvelles. L'identité des ressortissants serait même aussitôt détruite en l'absence de stratégies défensives. Celles-ci peuvent prendre l'allure de défenses immunitaires, lorsque le risque de perturbation, qui n'est pas seulement interne, trouve une source externe de la contestation objective que représente, pour une image du monde incarnée dans une culture, une vision différente présentée par une religion concurrente. Le choc des civilisations ne date pas d'aujourd'hui, le risque qu'il recèle a été tôt perçu : mettre en cause, par le seul fait de la différence, l'identité acquise. D'où une fermeture fonctionnellement requise pour l'image du monde formé par généralisation d'expériences locales. D'un côté, cette fermeture est contraire à l'esprit de la critique rationnelle, dans la mesure où elle consiste à cadenasser les certitudes acquises dans des stratégies d'auto-immunisation. Mais, d'un autre côté, la perturbation, surtout lorsqu'elle est interne, appelle paradoxalement l'intelligence théorique à se dépasser elle-même en direction d'une intelligence critique.

Comprenons en effet que l'unité d'une vision globale et cohérente, telle qu'ont pu la réaliser les grandes compréhensions religieuses du monde, procède génétiquement de la mise en concordance d'aperçus dont les communautés locales avaient pu réaliser la congruence narrative dans la confrontation de récits intégrant des expériences vécues singulières. Outre que les communautés narratives auraient donc su réaliser une première unité des témoignages à propos du monde, ces derniers s'appuyaient sur des vécus sans doute fort homogènes entre les individus. Les généralisations interprétatives pouvaient alors se déployer avec toutes les chances d'exprimer de façon à la fois exhaustive et pertinente les expériences profondes de tout un chacun. Ainsi les contenus sapientiaux ou prudentiels des proverbes, dictons, sentences, adages, pouvaient-ils valoir uniment pour les communautés d'un ensemble culturel, car leurs énoncés rencontraient des évidences premières, de sorte qu'ils pouvaient enrichir l'arrière-plan sémantique d'un sens commun non problématique. L'*a priori* sémantique des mondes vécus, qui, de façon spécifique, structure substantiellement pour chaque aire culturelle ou linguistique une compréhension préalable du monde, avait toute l'apparence intangible d'universaux. Mais les migrations de peuples entiers et l'expansion d'empires hégémoniques superposant un droit commun et une *lingua franca* aux institutions locales et aux parlers autochtones, les mutations opérées dans la dimension technique du travail et les découvertes scientifiques que cet essor instrumental pouvait favoriser, également l'amplification des échanges commerciaux activant le décloisonnement culturel en faisant se rencontrer des mondes jusqu'alors étrangers les uns aux autres – ces expériences distendent à proportion de leur nouveauté et de leur étrangeté le lien qui, naguère, tenait ensemble les sociétés traditionnelles grâce à la gestion qu'en assuraient les communautés narratives dont la force de cohésion, encore une fois, dépend au premier chef de la capacité qu'ont les récits de synthétiser l'expérience.

Justement : plus les événements et les expériences qu'ils autorisent sont divers et hétérogènes, plus ils sont alors critiques à l'égard d'un stock existant d'histoires typiques stabilisées avec leurs morales *ad hoc* dans des traditions, et plus ils sollicitent en conséquence, jusqu'à éventuellement les saturer, les capacités intégratives du discours narratif. Corrélativement, plus cette capacité d'intégration est sollicitée jusqu'à saturation du côté des performances narratives, soit au niveau d'histoires typiques destinées à condenser et à fixer l'expérience dans des récits, et plus la capacité de généralisation est mise à l'épreuve, du côté, cette fois, des performances proprement interprétatives – par exemple, au niveau des morales s'articulant aux histoires racontées. Le monde est simple quand il se laisse encore lui-même raconter; il devient complexe quand le discours doit renoncer à son ambition englobante pour n'assumer que des aspects de vie locaux et triviaux. La production narrative prend alors un tour plus éclectique, tandis que l'interprétation en subit le contrecoup en devant réaliser des généralisations qui sont toujours plus ténues, tout en étant moins exhaustives. Or, une telle entropie, qui marque une décadence fonctionnelle des registres narratif et interprétatif en tant que dominantes normatives, ne brise pas pour autant l'énergie potentielle du discours en général. Celui-ci doit plutôt redéployer la normativité dans une direction qui congédie les synthèses substantielles. On comprend intuitivement que les normes de conduite sont d'autant plus formelles, abstraites au sens ordinaire du terme, qu'elles doivent couvrir nombre d'expériences hétérogènes, d'intérêts contradictoires, d'exigences conflictuelles. Il n'est nullement contingent que le passage des communautés traditionnelles aux sociétés modernes, mis en évidence par Tönnies, ce passage marqué d'en bas par une hétérogénéité croissante des expériences personnelles et une conflictualité croissante des exigences individuelles, soit aussi marqué d'en haut par une abstraction et une formalisation croissante des normes d'action requises pour la cohésion de la vie sociale.

COMMENTAIRE

C'est dans le cadre de la constitution de l'«identité interprétative» que Jean-Marc Ferry analyse ce que nous appelons «conception du monde», qu'il nomme «vision du monde», parfois «compréhension» ou «image» du monde. Peu importe ici le terme : la «vision cohérente du monde en sa globalité» est *Weltanschauung*, doctrine compréhensive du monde à partir d'une interprétation qui en ramasse et en exhibe le sens. Nous avons retenu ce texte parce qu'il permet de reprendre la définition traditionnelle de la conception du monde tout en la rapportant à une forme spécifique de discours, parvenant à voir dans la différenciation de la grammaire qui le régit les conditions tant de la construction que de la problématisation de l'expérience. La conception du monde est une façon de reprendre le réel dans le discours et de se comprendre soi-même dans une telle compréhension. En effet le discours met en forme l'expérience vécue à travers une activité réflexive, construisant une expérience linguistiquement articulée. Étant le discours d'un sujet qui participe à la langue, il remplit en même temps une fonction fondamentale dans la construction de l'identité, ce qui est devenu une pensée bien reçue. Dilthey par exemple avait montré comment l'histoire d'une vie, l'autobiographie, était constitutive de l'identité[1], Paul Ricœur avait développé dans son prolongement[2] une théorie de l'identité personnelle comme « identité narrative »[3].

Mais une telle approche de l'identité par le seul discours narratif reste trop globale aux yeux de Jean-Marc Ferry : elle doit être différenciée dans la mesure où tous les discours ne sont pas identiques. Ils connaissent en effet des régimes spécifiques auxquels correspondent des fonctions différentes dans la construction de l'identité. Chaque discours dit autrement le monde, parce qu'il le comprend autrement, et chacun se comprend autrement en disant le monde de manière spécifique. Les « conceptions du monde » deviennent dans cette perspective un mode d'intelligence ayant sa fonction et ses limites. Jean-Marc Ferry distingue quatre registres du discours : la *narration*, l'*interprétation*, l'*argumentation* et la *reconstruction*[4]. Ces quatre genres doivent être compris d'une part du point de vue de la relation de communication entre celui qui discourt et celui qui reçoit le discours, d'autre part à partir de leur dimension de référence, c'est-à-dire de l'objet fondamental du discours. Dans la *narration* on écoute quelqu'un qui raconte ce qui s'est passé, c'est-à-dire qui se réfère aux événements. La catégorie fondamentale de ce discours est l'*être*. Dans l'*interprétation* on explique et on comprend ce que le récit veut dire : on dégage sa *signification*

1. Dilthey, *Der Aufbau der geschichtlichen Welt in den Geisteswissenschaften*, Frankfurt am Main, Suhrkamp, 1981, p. 246 *sq.*
2. Et dans celui de W. Schapp, *Empêtrés dans des histoires. L'être de l'homme et de la chose*, trad. fr. J. Greisch, Paris, Cerf, 1992.
3. Voir en particulier P. Ricœur, *Soi-même comme un autre*, Paris, Seuil, 1990, 5ᵉ et 6ᵉ études.
4. J.-M. Ferry, *Les puissances de l'expérience 1. Le sujet et le verbe*, t. 1, Paris, Cerf, 1991, deuxième partie, « Les formes de l'identité ».

ou son *sens*. Dans l'*argumentation*, on défend ou on justifie le discours, on conteste ou on problématise en mettant en question les prétentions des discours. L'enjeu est celui de leur *validité*. Enfin, dans la *reconstruction*, écrit J.-M. Ferry, on analyse en visant ce que les personnes engagent ou présupposent dans leur prétention à la validité. La reconstruction est alors une reprise coopérative de l'argumentation qui conduit à terme vers une entente. La catégorie qui régit cette forme du discours est celle de la *reconnaissance*.

Passant d'un genre à l'autre, la réflexivité et l'intersubjectivité vont croissant, chaque registre étant une reprise de celui qui précède. Si les « conceptions du monde » comme compréhensions peuvent être inscrites dans un registre spécifique, il importera donc de savoir quels sont en propre leur statut et leur rôle et comment elles se rapportent à la fois au discours dont elles sont issues et à celui qui les reprend à un autre niveau. C'est pour illustrer ce mouvement que nous avons retenu un passage qui part d'une définition du moment de l'*interprétation* par rapport au moment *narratif*, qui montre ensuite comment le discours des « conceptions du monde » auquel il donne naissance joue un rôle stabilisateur, et enfin comment, exposées à des ébranlements internes et externes, ces conceptions sont dépassées par l'*intelligence critique*.

L'interprétation cohérente du monde

Le premier alinéa du texte expose la nature propre de « l'identité interprétative », c'est-à-dire d'une identité construite à l'aide d'un discours qui ne se contente pas, comme celui de l'identité narrative, de raconter. Un tel discours interprétatif est, écrit J.-M. Ferry, ce qui constitue une conception du monde en assurant une vision cohérente, dans la mesure où elle est soumise à l'unité d'un sens. C'est là ce qui correspond à ce que Lyotard appelait les « grands récits » par lesquels chaque culture se comprend[1]. J.-M. Ferry en relate la naissance comme une reprise réfléchie ou comme la synthèse d'une période que l'on pourrait dire simplement narrative. La conception du monde, qui en est la compréhension, se situe de ce fait dans le passage du mythe à la religion. L'idée est que les récits mythiques dans un premier temps représentent une archive, où un discours synthétise une image du monde à partir de l'expérience. Dans le récit qui la recueille, cette expérience acquiert une certaine objectivité. Le mythe raconte, dans un récit, par exemple une épopée, des événements dans lesquels chacun pourra se reconnaître, reconnaître sa condition d'homme. Les mythes seront ainsi des paradigmes, des modèles. Le mode narratif est donc celui où la vie s'objective dans un discours, dans une première réflexivité de l'expérience dans le langage : la narration est une façon de ressaisir l'expérience vécue signifiante pour soi et pour autrui en la faisant accéder à un type d'objectivité où elle peut être communiquée et n'existe plus seulement dans sa singularité absolue. Par cet échange entre les individus, l'expérience singulière est généralisée, en particulier à travers la confrontation des récits des expériences personnelles. C'est ainsi que dans la narration, les événements sont transformés en récits. Dilthey l'avait dit et Hannah Arendt y avait vu la « principale caractéristique de cette vie spécifiquement humaine »[2] : dans le récit, l'homme a des représentations plus générales que dans l'expérience individuelle. Il

1. J.-F. Lyotard définit la condition postmoderne à partir de « l'incrédulité à l'égard des métarécits » et, dans ce cadre, examine de près le rôle légitimant du récit dans la « pragmatique du savoir narratif » (*La condition postmoderne*, Paris, Minuit, 1979).

2. H. Arendt, *La condition de l'homme moderne*, trad. fr. G. Fradier, Paris, 1961, p. 110.

thématise réflexivement l'ordre de l'événement en produisant l'*expression* de ce qui est vécu immédiatement. En d'autres termes, c'est un degré premier de symbolisation qui permet de structurer le monde et soi-même dans l'objectivation qu'est le discours. Cette armature donne l'arc premier par lequel Dilthey définissait la «compréhension» comme retour à l'«expérience vécue» à partir de son «expression».

L'expérience vécue individuelle donne donc naissance à de «grands récits» qui collectionnent ces expériences à partir de leur confrontation. Sont alors retenues dans la mémoire commune les expériences racontées qui peuvent être acceptées par ceux qui les écoutent, c'est-à-dire qui peuvent les appliquer aussi à eux-mêmes et à leur situation[1]. Les récits ainsi racontés, transmis, élèvent l'expérience singulière en «expérience générale de la vie» et condensent les «expériences primordiales et substantielles». Les grands mythes de la création, par exemple, sont de telles œuvres de synthèse qui intègrent de nombreux autres récits[2]. Le récit de la création dans la *Genèse*, synthèse de récits babyloniens, sumériens, égyptiens etc. qui ne sauraient être localement restreints[3], dit par exemple la condition de l'homme, son être dans le monde, sa finitude ou son être mortel, la nécessité du travail ou d'être avec d'autres. Énonçant une condition universelle, ce récit qui dit ce qu'il en est permet en retour de structurer les expériences individuelles : les individus désormais peuvent s'y référer, se reconnaître, le récit devient constitutif d'identité et par suite

---

1. J.-M. Ferry, *Les grammaires de l'intelligence*, *op. cit.*, p. 168.

2. Voir J.-M. Ferry, *Les puissances de l'expérience*, *op. cit.*, p. 103-110.

3. J.-M. Ferry renvoie (*ibid.*, p. 110, note 13) à J. Bottero et S. N. Kramer, *Lorsque les dieux faisaient l'homme. Mythologie mésopotamienne*, Paris, Gallimard, 1989.

mythe *fondateur*. Répété et transmis de génération en génération, il devient *tradition*.

Il faut alors préciser ce qui se passe dans la transformation du récit en mythe à travers la répétition : le récit, qui raconte simplement des faits, devient dans le mythe vérité et donc mesure de sens. J.-M. Ferry écrit que « le récit devient vrai »[1]. Il devient en effet « représentant exhaustif et premier », un modèle général d'interprétation qui permet d'intégrer tous les événements dont la signification va dans le sens du récit premier. Le simple événement dans sa singularité se soumet à la loi. C'est en cela que s'opère le changement de registre de discours, qui passe du mode *narratif* au mode *interprétatif*[2]. Au départ pure facticité sans aucune normativité, la narration se présente comme un récit sans « morale de l'histoire », et les communautés de narration n'entrent pas en conflit tant qu'elles ne déclarent pas leurs conclusions dans des généralisations interprétatives[3].

> C'est seulement avec le passage à l'interprétation – lorsque les récits débouchent sur des morales de l'histoire – qu'émerge le *besoin de vérité*. Cela se marque à travers des maximes et des proverbes, et sur un style qui tiendrait à exempter les prétentions à la vérité d'une mise à l'épreuve critique. Proverbes, adages, sentences, dictons, maximes se laissent comprendre comme les généralisations interprétatives de conclusions narratives[4].

Car effectivement, on ne raconte plus simplement un événement lorsque le récit peut être appliqué comme un

---

1. J.-M. Ferry, *Les puissances de l'expérience*, *op. cit.*, p. 109. Cf. *Les grammaires de l'intelligence*, *op. cit.*, p. 169 *sq.*

2. *Ibid.*, p. 111-120.

3. J.-M. Ferry, *Les grammaires de l'intelligence*, *op. cit.*, p. 172.

4. *Ibid.*, p. 173.

modèle à toutes les situations : la pertinence devient universelle en pouvant être étendue à d'autres contextes de vie. C'est
ainsi que l'interprétation tire des conclusions générales, relevant d'une attitude universalisante : elle retient dans l'événement raconté ce dont le sens peut faire *loi*, c'est-à-dire qui
s'applique à un grand nombre de situations. C'est sous cette
forme par exemple que la fable du Loup et de l'Agneau
s'achève en *morale* : « la raison du plus fort est *toujours* la
meilleure ». On dépasse donc l'événement, le Loup qui mange
l'Agneau « sans autre forme de procès », dans l'idée de loi qui
le régit, le *sens* devenant ainsi autonome par rapport au *fait*. La
loi devient la *conclusion* du récit ou la « morale de l'histoire ».
On ne dit plus alors simplement les faits, on s'attache à leur
pourquoi pour arriver à une dimension compréhensive : dans
le registre « interprétatif », le sens vient compléter les faits, la
loi les événements ou la morale l'histoire. On passe de ce qui
est immanent au monde à un principe d'explication qui le
dépasse et lui permet d'apparaître dans son unité. C'est ainsi
que le monde est compris dans son origine et dans sa fin à partir
du principe qui en garantit l'intelligibilité. On assiste alors au
passage du mythe, comme forme intermédiaire encore atta-
chée aux grands actes, à la religion, c'est-à-dire aux compréhensions *cosmocentriques* et *théocentriques* dont nous avons
rappelé plus haut l'analyse weberienne, reprise par Habermas
et à laquelle J.-M. Ferry fait allusion ici. Le monde saisi dans
son sens y est ramassé dans des *conceptions du monde*.

L'essentiel de ce passage n'est cependant pas de montrer
que pointe ici, à même sa compréhension, le « monde » par-
delà ce qui « arrive » en lui, mais que le « monde » s'élabore
dans une activité communicationnelle qui ne peut quant à elle
être accomplie sans une compétence spécifique, sans une
« grammaire de l'intelligence » qui, dans sa logique, fait passer
de la catégorie de l'*événement* à celui de la *loi*. Comprendre

dans la particularité et comprendre dans l'universel ne sont pas la même chose. Comprendre le sens de l'événement à partir de la loi ouvre un nouveau registre du discours, celui de l'interprétation. C'est ainsi qu'en visant l'universel, les conceptions religieuses du monde se prolongent alors, comme Dilthey l'avait relevé, en conceptions métaphysiques qui cherchent le *logos* dans le monde, à savoir ce qui relie rationnellement les manifestations dans le monde. La métaphysique devient alors le prolongement naturel de la religion, les philosophes venant concurrencer les prêtres dans le travail de rationalisation du monde [1]. En exhibant le sens général, le discours interprétatif élève donc une prétention à la validité qui transforme la confrontation des récits en conflit des interprétations. Partant de là, il conduit au registre de l'argumentation où la compréhension est critique à l'égard d'elle-même et où s'échangent des raisons.

La vulnérabilité des synthèses

Les conceptions du monde, dont les synthèses religieuses sont le paradigme, ne tombent donc pas du ciel mais sont le résultat de l'*interprétation*. Le deuxième alinéa, en revenant sur ce processus d'élaboration, met au jour une difficulté fondamentale qui en découle : tout en étant en leur essence stabilisatrices, puisqu'elles établissent des lois permettant de comprendre la diversité du monde dans l'unité, les interprétations sont fragiles car les généralisations auxquelles elles procèdent restent relatives aux contextes qui les ont vu naître. Or le propre des contextes dans lesquels sont prises les expériences individuelles est de varier, non seulement géographiquement mais aussi dans le temps. Ces variations contex-

1. J.-M. Ferry, *Les grammaires de l'intelligence*, *op. cit.*, p. 118.

tuelles peuvent être tant individuelles, à travers les âges de la vie, que collectives et concernent tant le travail, les forces productives, que les structures normatives réglant l'interaction sociale. Les individus mus par des intérêts pratiques et émancipatoires transforment le monde et par là son interprétation, dévoilant certains contenus comme étant idéologiques et devant par conséquent procéder à des réajustements. La *critique de l'idéologie*, intimement liée aux mutations des conditions réelles de l'homme dans une nature qu'il transforme, dénonce par exemple certains aspects des religions, des théories politiques ou économiques comme autant d'instruments de domination et conduit inexorablement à revoir les conceptions du monde. Le monde transformé n'est plus explicable non plus à partir des seules lois retenues dans les grandes conceptions qui doivent s'adapter aussi aux progrès des sciences et des techniques. C'est ainsi par exemple que les luttes pour les droits de l'homme ou les avancées théoriques de la science conduisent à revoir la situation de l'homme dans le monde et donc à réviser les anciennes interprétations, comme ce fut par exemple le cas avec la théorie de l'évolution. Le processus critique de fragilisation est donc immanent aux conceptions du monde de par leur nature conceptuelle. Il se trouve renforcé par une remise en cause externe, par la simple existence d'une pluralité de conceptions qui est une contestation *in concreto* de leur prétention à l'explication du sens à partir de principes premiers. C'est ainsi qu'une religion peut se sentir remise en cause par l'existence d'une autre religion, donnant l'idée de « choc des civilisations », expression maladroite tant la notion de « civilisation » est complexe[1], mais

---

1. Voir J.-M. Ferry, *De la civilisation. Civilité, Légalité, Publicité*, Paris, Cerf, 2001.

souvent utilisée dans le cadre des replis défensifs qu'une telle contestation appelle.

Si les conceptions du monde sont par essence fragiles, la cohérence et la stabilité qu'elles assurent se trouvent remises en cause. Or si leur fonction est d'assurer une identité à ceux qui les reconnaissent, c'est en raison de cette fonction même qu'elles sont engagées dans des processus qui les referment sur elles-mêmes. Mais verrouiller ainsi les *Weltanschauungen* est un geste désespéré : rongées de l'intérieur, elles sont conduites par elles-mêmes à se dépasser dans ce que J.-M. Ferry appelle l'« intelligence critique », à savoir la raison qui argumente et reconstruit.

Résumons donc : dans la *narration*, le vécu de chacun est raconté et porté à la connaissance et à la reconnaissance d'autrui dans la communication. À travers un travail de recollection et de synthèse, ces narrations se condensent en récits typiques et se prolongent dans des *interprétations* qui en dégagent le sens : les conceptions du monde. Mais les interprétations, étroitement articulées aux récits, finissent immanquablement par révéler, en raison des vécus différents, des points de vue divergents. C'est là que s'amorcent d'inévitables conflits des conceptions du monde. Ces derniers, qui d'un côté peuvent être vécus comme choc mortel lorsque la *Weltanschauung* se cristallise en fanatisme, d'un autre côté sollicitent des argumentations dans un procès au cours duquel s'exposent et s'expliquent, au regard et à l'aide de raisons, les conflits des interprétations.

De l'interprétation à l'intelligence critique

Le mouvement de dépassement vers la raison critique est repris par J.-M. Ferry dans les deux derniers alinéas du texte. La stabilité d'une conception du monde est garantie par l'homogénéité relative de l'expérience qu'elle synthétise : les expériences vécues singulières confrontées dans la narration donnaient naissance à des récits accordés à l'image des groupes qui les élaboraient. C'est ainsi qu'une *communauté narrative* se doublait d'une *communauté interprétative* qui dégageait un sens uniforme à partir de récits similaires. Les mythes se constituaient de la sorte, et on retrouve cette homogénéité des symboles dans les contes et légendes d'une part, d'autre part dans les contenus théoriques et pratiques des civilisations traditionnelles. Le sens est effectivement donné dans les proverbes, sentences, dictons etc., qui proposent l'interprétation de référence pour une communauté donnée. Il s'agit là d'un « sens commun non problématique », qui est un ensemble d'idées universelles dans lequel une communauté peut se reconnaître. Rien à voir avec le sens commun moderne, ce *sensus communis* que Kant définit à travers les maximes de la pensée critique, invitant non pas à puiser dans une réserve de sens mais à réfléchir de manière autonome. On comprend alors qu'un tel trésor de sagesse, auquel une « communauté » définie comme « ensemble culturel » peut se référer, permet de stabiliser les interprétations et se présente par conséquent comme déterminant une « conception du monde ».

Mais si une telle conception ne fait pas problème pour une communauté limitée qui s'établit en passant de la « communauté narrative » à la « communauté interprétative », elle ne résiste pas à l'histoire moderne, aux expansions et divers impérialismes, à la mondialisation où sont détruites les sociétés civiles culturellement homogènes. C'est là ce dont rend compte la seconde partie du troisième alinéa. L'essor des structures internationalisées, qu'il s'agisse du droit, du langage, de l'économie, de la science, des aspects matériels ou spirituels de la vie sociale etc., mettent en contact « des mondes jusqu'alors étrangers les uns aux autres », c'est-à-dire des expériences distinctes[1]. Dans la mesure où l'homogénéité des expériences fondait la cohérence des synthèses narratives d'abord, des synthèses interprétatives ensuite, leur diversification remet en cause les communautés fondées sur de telles identités et les conceptions auxquelles elles se réfèrent. La rencontre avec des cultures différentes joue alors un rôle de déstabilisation externe, qui met en présence et en conflit des *croyances* différentes. Les conceptions du monde sont dans cette perspective inexorablement appelées à être dépassées.

Le dernier alinéa montre alors qu'effectivement la critique à l'égard de l'identité narrative et interprétative conduit à passer à une identité *argumentative*. Historiquement, l'accès aux valeurs de l'argumentation et de la raison en général est lié à un travail critique sur les conceptions religieuses du monde, c'est-à-dire à une critique de l'identité interprétative, comme Max Weber l'a montré dans son analyse des processus de rationalisation culturelle. Ce mouvement est en même temps celui du passage des sociétés traditionnelles aux sociétés modernes, qui rejettent la transcendance du sens. La progression de la rationalité se manifeste par un changement de registre de discours : si la *communauté* semble fondée sur une

---

1. Marx, que J.-M. Ferry cite dans *De la civilisation*, *op. cit.*, p. 23 *sq.*, brosse dès le *Manifeste du parti communiste* le tableau d'une telle mondialisation : « À la place des anciens besoins, satisfaits par les produits nationaux, naissent des besoins nouveaux, réclamant pour leur satisfaction les produits des contrées et des climats les plus lointains. À la place de l'ancien isolement des provinces et des nations se suffisant à elles-mêmes, se développent des relations universelles, une interdépendance universelle des nations. Et ce qui est vrai de la production matérielle ne l'est pas moins des productions de l'esprit. Les œuvres intellectuelles d'une nation deviennent la propriété commune de toutes. L'étroitesse et l'exclusivisme nationaux deviennent de jour en jour plus impossibles ; et de la multiplicité des littératures nationales et locales naît une littérature universelle ».

identité interprétative, le passage à la *société*, où les individus sont reconnus comme citoyens libres et égaux en droits, est fondée sur une argumentation rationnelle, un espace public de délibération. C'est là le sens de la référence à Ferdinand Tönnies[1], qui opposait à la communauté traditionnelle fondée sur des relations et une identification affectives, la société moderne guidée par la volonté réfléchie où la rationalité détermine les relations entre individus et le régime de leur discours.

De manière interne aussi, les conceptions du monde sont appelées à se dépasser dans un discours argumentatif. En présence de conceptions contradictoires, dans l'affrontement entre compréhensions du monde pris dans la concurrence pour la détention de la vérité, « les antagonistes sont alors obligés de défendre face à l'autre leur propre vision du monde, en l'*argumentant* ne serait-ce que pour eux-mêmes »[2]. Une telle argumentation implique une relativisation de la conception du monde qui n'est plus prise immédiatement comme vérité mais est située comme une prétention à la validité. Car en effet, l'argumentation s'attaque par essence au dogmatisme et introduit à une compréhension *critique* du monde : en argumentant, on *justifie*, ce qui est un autre discours que celui qui est fondé sur l'interprétation qui se contente d'*expliquer* en exhibant le sens.

C'est dire le caractère provisoire des conceptions du monde ainsi rapportées à leur dépassement dans le discours de la raison critique. Par leur nature-même elles sont appelées, pour des raisons à la fois intrinsèques et extrinsèques, à donner naissance à un autre discours, celui que Jean-Marc Ferry

1. F. Tönnies, *Communauté et société* (1887), trad. fr. J. Leif, Paris, PUF, 1944.

2. J.-M. Ferry, *Les puissances de l'expérience*, *op. cit.*, p. 124.

appelle « argumentatif » et qui, dans l'espace public, est régi par la logique de la réfutation et de la justification. Ce discours congédie les conceptions du monde comme « synthèses substantielles » : le *contenu* se perd progressivement au bénéfice d'une *forme* d'autant plus *rationnelle* qu'elle permet à un divers d'être subsumé.

TABLE DES MATIÈRES

Achevé d'imprimer en semptembre 2022 par *La Manufacture - Imprimeur* – 52200 Langres
Imprimé en France – N° d'imprimeur : 220811 – Dépôt légal : mai 2006